JN408698

아무르 강은 흐른다

박영만 가사 시집

문학공원 시선 164

아무르 강은 흐른다

박영만 가사 시집

문학공원

自序

올해도 풍요로운 수확을 안겨주는 가을을 맞았다. 17호 태풍 '타파'가 산과 들을 할퀴고 지나간 자리에도 국화꽃은 피어 고운 모습으로 사람들 가슴에 꽃향기를 채워주고, 쉬어가라는 듯 잔잔한 눈짓으로 발걸음을 멈추게 했다. 그러는 사이 어느덧 겨울이 왔다.

이번에 펴내는 가사 시집은 내가 쓴 시편들 중에서 이종록 교수님이 곡을 써주신 작품만을 모아 책으로 엮어 낸다.

그간 많은 분들이 나의 시에 곡을 붙여 주었다. 그 중에도 타계하신 錦松 김정양 선생님이 제일 많이 곡을 붙여 주었고, 음악행사도 나와 함께 여러 번 주최했다.

그 다음은 『시흥챔버오케스트라』 관련 작곡가들이다, 이 음악단체는 음악 행사뿐만 아니라 각급학교의 음악교육 프로그램에서도 나의 시 작품과 관련지을 때가 있었다.

세 번째가 이종록 교수님이기에 이번 책에는 이 교수님이 작곡해 주신 나의 시와 이 시 일부가 담긴 음반(CD)도 책 부록에 소개한다.

문학공원 시선 164

아무르 강을 흐른다

박영만 가사 시집

나의 노랫말에는 장시나 포스트모더니즘 등 성향은 별로 없다. 韻律에 무게를 둔, 짧으면서도 쉬운 노랫말이 많다. 또한 어려운 상징어나 외래어, 유행어를 가급적 피하고, 우리의 전통을 즐겨 썼다.

작곡가들은 작곡 과정을 통하여 나의 노랫말 중에서 모자라는 부분은 채워주고 그늘진 데는 환히 비춰주었고, 성악가는 목청을 가다듬어 노래로 불러주었다. 그 소리가 때로는 사람들을 신비스런 경지로 이끌고 가서 맑고 고운 정서에 젖게 해주기도 했다.

이제부터는 나의 노랫말에 곡을 많이 붙여준 네 번째 작곡가를 찾아 노래시집을 펴낼 채비를 해야 한다.

2019년 겨울

박 영 만

CONTENTS

1부. 겨울 상수리나무 冬日橡树

2부. 달 그림자 찾기 寻找月影

3부. 봄의 속삭임을 들으려면

4부. 장하다 백두산아

1부

겨울 상수리나무
冬日橡树

가을이 저무는 소리

여는 소리 있어 눈여겨보니
금빛 밤송이들 아람 활짝 열고
선비는 책갈피서 지혜 펴고 있네

슬픈 소리 있어 귀기울여보니
기러기 울면서 임진을 넘어오고
메마른 갈대밭에 소슬바람 부네

내리는 소리 있어 올려다보니
하늘에서 내리는 서릿발 말씀들
쉼 없이 한 잎 두 잎 나뭇잎 물들이네

秋日渐远的声音

听见万物皆开之声定睛一看
熟透的金黄毛栗绽开笑容
文人墨客的智慧盛开于书卷间

听见哀婉悲凉之声仔细一听
哀鸣的大雁划过寂静的临津
秋日冷风袭过干涸的芦苇田

听见簌簌的下落声蓦然举目
霜花的话语从天空中落下来
一片两片萧萧红叶秋色已深

갠지스 江

갠지스 강에서 아련히 들려오는
정녕 어머님의 목소리여라
그저껜 십 리 길 길섶에서 자고
어제는 오 리 길 저자 좌판 신세
한 걸음 한 걸음 저승을 향해
강가에 닿는 게 내 소원일세

어서 오너라, 물가로 더 가까이
그 소리 귀전에 맴돌고 돌아
神은 알고 있네 내 어디 가는지
보라, 백단향나무1) 불꽃이 불꽃이
저리도 밝은 승천길을 여니
항공편 없어도 바로 극락일세

라마스테2)
라마스테, 神이여
순간 이승의 경계를 넘었네
몸 씻는 저 여인 축복해 주네

---

1) 백단향나무 : 화장의식에 쓰는 땔감 중 최고로 치는 나무
2) 라마스테 : 감사하다는 인도의 인사

恒河

恒河畔传来悠远的声音
那是母亲的呼唤！
前日露宿十里路旁
昨日流落五里市场坐板
一步一步朝着另一个世界
抵达河畔便是我毕生所求

快来吧，更靠近水边
那声音萦绕在我耳边
只有神知道我要去往何方
看呐，檀香木[3]的烟花啊！那烟花！
为我打开光亮的升天之路
去往无需机票也能抵达的极乐世界

那马斯特[4]
那马斯特，神啊！
瞬间越过了现世的界限
祝福那正在沐浴的女人

3）檀香木：在火葬仪式中使用的最上等的木材。
4）那马斯特：印度语的“谢谢”。

겨울 상수리나무

그대여, 눈물샘 다 말랐나요
한때는 산새와 즐거운 노래
마파람 산들바람과 귀엣말
흥겨운 춤마저 다 잊었나요

다람쥐에 아람 다 던져주고
푸른 옷 벗어 산풀 덮어주어
가진 것은 아무 것도 없네요
억새풀 누렇게 마른 비웃음
앙칼진 바람의 꾸짖음 소리
맑은 눈빛 주는 이 누군가요

북새바람 앞에 서 있는 것은
어찌 산등성이 바위뿐인가요
뼛속에 스며드는 이 추위에
침묵 흐르는 음산한 산자락

오리나무는 오 리 먼 곳에서
그대의 인자한 베풂의 나날
우러러 고개를 끄덕이네요
머지않아 찾아올 봄날엔
그대여, 우리 새싹에 들려 줄
향긋한 꽃얘기 엮어 볼까요

冬日橡树

亲爱的，眼泪是否已全部干枯
曾与山鸟一起唱的欢歌
与南风清风说的悄悄话
还有欢快的舞蹈是否都已忘记

你把熟透的栗子都扔给松鼠
脱下蓝衣披在山草上
这让你变得一无所有
紫芒露出青黄生涩的嘲笑
凛冽寒风带来指责的声音
是谁传递着清澈的眼神

北风中屹立不倒的
难道只是山脊的岩石吗
在这刺骨的寒冬里
阴沉幽暗的山脚

桤木远在五里之外
为你仁慈厚道的岁月
感到钦佩而敬仰点头
在不久后的春日里
亲爱的，向我们的幼苗
讲述馨香花朵的故事吧

고구려인

한울님 天山의 하늘 여시고
단군은 온누리 밝히시니
우러러 한 마음으로 모시려고
사방에서 모여든 천손의 무리들

후렴
너른 들판엔 풍성한 과일 알곡
눈부신 하늘 비둘기 날았네

큰 하나에서 三韓이 나오고
부여 고구려 나라 이으니
남으론 황하 서론 알타이
북으로 펼쳐진 시베리아 벌

바이칼 맑은 물 긴 칼날 세워
헤이룽 물가 말 타고 달리던
구레나룻 수염 호방한 너털웃음
그래 한족은 만리장성 쌓았네

高句丽人

神打开了天山的天空
檀君照亮着全世界
为了一心敬拜他们
天孙们从四面八方聚集

副歌
在广阔的原野结满水果与谷物
鸽子在明亮辽阔天空自由飞翔

一分为三，三韩诞生
夫余与高句丽建立国家
南有黄河，西有阿尔泰
北有西伯利亚平原

在清澈的贝加尔边竖起长刀
在黑龙水边骑马奔跑
络腮胡须与豪放的笑声
是啊，汉族筑起了长城

구다라노(百濟野)

너흰 보았지 물잔디야 창포야
백제 어른 우두머리로 모셔
물길 트고 농사지혜 펴온 일
갈대 줄풀도 서서 보았지
사방으로 이어진 물길 논길
그 많은 논 두둑 세어 보니
만경들만큼 만 개는 되었지
그리움의 무지개 걸쳐놓은
백제 들파 구다라노여

너흰 보았지 부레옥잠 골풀아
백제 어른 스승님으로 모셔
천자 배우고 사는 지혜 익힌 일
개구리밥 말풀도 눈여겨보았지
괭이 삽 쇠붙이로 깊이 판 흙
방죽 쌓고 긴 물길 내어
곳간마다 가득했지
푸른 꿈 무지개로 걸쳐놓은
백제들판 구다라노여

百济野

结缕草啊，菖蒲啊，你们看过吧
拜百济祖先为首领
打通水渠开始农耕智慧的事
芦苇菰米也站着看过
连接四方的水渠和田间小路
数一数那么多的田埂
有一万个达到万顷
挂着思念彩虹的
百济平原百济野啊

凤眼莲啊，灯草啊，你们看过吧
拜百济祖先为老师
学习千字体会生活智慧的事
浮萍水草也留心看过
用锄头铁锹铁片深耕
筑堤坝开通水路
每间粮仓堆满粮食
挂着蓝梦彩虹的
百济平原百济野啊

구절초
- 합창곡

따스한 햇살에 마음 두지 않는
차가운 눈빛의 순결한 여인아
흥겨운 풍년가 황금벌판 지나서
하얀 웃음으로 구구절[5] 맞는가

무서리 내리는 이른 아침에도
하늘을 보며 웃음 짓는 여인아
지난 날 불타던 정열은 다 시들어
싸늘한 달밤에 피리소리 슬픈가

5) 구구절 : 9월 9일. 중국 명절의 하나로 중앙절이라고도 한다.

九节草

- 合唱曲

对温暖的阳光毫不动心的
眼神冰冷的纯洁女人啊
欢快的丰年歌越过黄金平原
是否以白色笑容迎来九九节

在薄霜降落的清晨里
也望着天微笑的女人啊
过去火热的激情都已褪去
寒冷月夜的笛声是否不胜悲伤

낙엽의 노래

푸르던 한철 눈부시더니
그 자리 버리고 내리는 몸짓
바람에 날리는 선녀 옷깃 같아
부채춤 선드러진 춤사위 같아
소슬바람에 天心이 변하랴
새들아 너흰 떠나면 안 된다

하늘의 구속 모두 풀리니
이렇듯 홀로 가벼워진 몸
이젠 흙의 노래 들을 것 같아
실바람 속삭임 가슴 와닿네
찬 서리 내려도 地心이 변하랴
그 포근한 품속 나를 보듬네

落叶之歌

绿色的季节一时耀眼
离开那个位置掉落的样子
犹如被风吹动的仙女衣裳
犹如扇子舞潇洒的舞姿
瑟瑟秋风何能改变天意
鸟儿们你们不能离去

在完全脱离天空的束缚后
像这样独自一身轻
现在才能听到土地的歌声
微风的窃窃私语沁人心脾
寒霜降临何能改变地意
那温暖的怀拥抱着我

난파진(難波津)에 가야지

남파진에 가야지, 아득한 수평선 끝에서
구다라 새로운 숨소리 젖어오는 나루터
그곳에선 괭이갈매기 제비갈매기도
큰칼 찬 구다라 어른들 마중 나와
훠얼 훠얼 날며 반긴다네
푸른 파도 덩실덩실 춤춘다네

남파진에 가야지, 게다 신 벗고 달려가
구다라 키 큰 어른들 공손히 맞아들여
무지갯빛 백제의 그리움 띄우며
그 많은 책보따리 하나하나 펼쳐
밝은 지혜 티 없는 행실로
구다라 선비 어른 닮아가려네

구다라 귀한 손님 오시는 길
바다 물결 잔잔해지네
서해 뱃길 훤히 열리오네

要去难波津

我要去难波津，从遥远的水平线尽头
到百济新的呼吸声渐渐袭来的码头
在那里黑尾鸥和白燕鸥都来
迎接带着大刀的百济先辈们
手舞足蹈地欢迎他们
蓝色波涛翩翩起舞

我要去难波津，脱下木屐跑出去
恭迎高大威猛的百济先辈们
让彩虹色的百济思念浮上去
那么多书籍包裹一包一包地解开
愿以大智慧与无暇的品行
走上百济士人走过的路

尊贵的百济客人来的路
海浪渐渐平静下来
西海航路豁然大开

2부

달 그림자 찾기
寻找月影

너도 길 잃은 양

산허리 굽이굽이 바위고개 넘어
그리던 산마루 힘겨이 넘어서니
저기 저 오아시스 눈짓하며 부르네
아, 가고 싶은 내 아름다운 낙원
그 황홀함에 그만 길을 잃고 말아
모랫길 여기저기 헤매기만 하네

어디로 발걸음 옮겨가야 하나
비단길 지나가는 무명옷 길손아
아리랑 긴 가락에 취하지만 말고
너도 동녘에선 길 잃은 양이라
찾아 나선 목자 자취도 없구나
서산마루 물드는 노란 노을이여

你也是一只迷羊

山腰弯弯蜿蜒越过岩石坡
艰难地穿过怀念的山脊
那边那绿洲凝视着呼唤着
啊，我梦寐以求的美丽乐园
那辉煌灿烂使我迷了路
只能在沙路上四处徘徊

该往哪里挪动脚步好呢
穿着布衣经过丝路的客人啊
不要只陶醉于阿里郎长曲调里
你在东边也是一只迷了路的羊
出来寻找的牧人也没留下踪影
染上西山头一点黄的云霞啊

달 그림자 찾기

누가 달 그림자를 보았다 하더냐
동그란 은빛 얼굴 보름달을 보라
평화로이 떠있는 여왕의 웃음
온 누리에 빛으로 내리는데

어디 초승달이 그림자 드리우랴
처녀처럼 수줍어 얼른 숨더니
산들이 고개 들어 갸웃거려도
밤하늘에 수많은 별들만 내세우네

이제 달 그림자 찾아 나서야지
보슬비 줄기 타고 오르다 보면
차고도 쓸쓸한 홀어미 눈빛 같은
웃음끝머리 맴돌던 그림자 보이리

寻找月影

谁说看到了月亮的影子
看一看圆圆的银色玉盘
浮现出女王平静的笑容
变成光彩照亮着全世界

月牙怎么能够留下影子呢
像个羞涩的姑娘赶紧躲起来
即使很多山都抬起头摇摇头
也在夜空中让无数个星星闪烁

是时候去寻找月影了
顺着毛毛细雨往上爬的话
看到笑容最后徘徊的影子
如同冰冷又凄凉的寡妇眼神

당신은 누구신지

天下 名詩 지으신 분 누구신지
하얀 장미 한 다발 손에 들고
오솔길 혼자 들어섭니다
어디 계신지 찾을 길 없어
꽃 한 송이 허공에 띄우오니
화답해 주사이다 한 번만
모습이라도 보여 주사이다

새들이 이 가지 저 가지에서
구구구 비비비 낮은 소리
까아 깍 파르르 높은 소리

天下名畵 그리신 분 누구신지
가쁜 숨 땀 흘리며 하우하우
산마루 혼자 올라갑니다
어디 계신지 사위 살피오니
자연풍경 지으신 불후의 솜씨
화답해 주사이다 한 번만
당신 모습 보여 주사이다

들국화 나리꽃 패랭이 지으신
당신은 詩로 그린 그림이요
그림으로 지은 詩입니다.

您是哪位

写天下名诗的是哪位
手持一束白色玫瑰
独自走入幽深小道
寻不见君
放飞一朵花于空中
只愿君回应我一回
让我见到朝思暮想的您

鸟儿们在各枝头
咕咕咕 叽叽叽 从低处
嘎啊 嘎啊 扑腾 从高处

画天下名画的是哪位
我气喘吁吁 咻咻 汗如雨下
独自一人登上山脊
为找到您四处张望后发现
创作自然风光的不朽的手艺
只愿君回应我一回
让我见到朝思暮想的您

创造野菊花百合花石竹的
您是以诗画成的一幅画
以画写成的一首诗

당신을 찾아도

큰길에서 당신을 찾아도
오솔길에서 당신을 찾아도
당신은 오리무중이네
어디 계시나요 어디 계시나요
물어도 물어도 알 길 없네

산 그림자 밟고 지나다
들길 이슬방울 스치다가
찾아도 오리무중이네
토끼가 노루 길 노루가 토끼 길
찾아도 찾아도 알 길 없네

허사로다 허사로다
땀 흘리며 찾은 그 길
고개 숙여 눈 감으니
큰길 하현달이 비춰주네

再怎么寻找你

即使在大路上寻找你
又在小路上寻找你
你也在五里雾中里
你在哪里　你在哪里
再怎么问也无法知道

踩着山里的影子路过
野道的露珠掠过我
寻找也是五里雾中
兔子在獐子路　獐子在兔子路
再怎么找也无法知道

落空了　落空了
留着汗水找的那条路
低着头闭上眼睛之后
下玄月就照亮着大道

르웨탄(日月潭)에 가면

르웨탄[6]에 가면 산비탈 차밭에서
아낙네들 오순도순 찻잎을 따네
차 향기 망태에 넘칠 즈음엔
물새들 끼, 끼륵 환상의 무도회
석양에 여흥마저 모두 불타면
통통배 지나가는 눈부신 물길아

하늘은 어이하여 호수만 굽어보나
둥근 해 닮아선가 초승달 닮아선가
호수의 깊은 뜻 하아 궁금하여라

르웨탄에 가서 홍차 한 잔 들면
찻잔 위에 언뜻언뜻 떠오르는 詩想
호수의 실바람에 마음 환해지니
저 고운 풍경도 그릴 수 있겠네

---

6) 르웨탄(日月潭) ; 타이완 중부에 자리한 지명이며, 물이 맑고 잔잔한 담수호.. 주변 차밭과 자연이 잘 어우러져 풍광이 아름다우며, 해와 달을 닮았다 하여 日月潭이라 부른다고 함. 이 지방에선 9族의 원주민이 홍차를 재배하면서 살고 있음. 일월담 홍차는 대만 4대 홍차 품종의 하나이며, 그 중에서 대차 21호 '홍옥'이 유명하다 함.

원앙새 청둥오리 정겹게 떠 노니
물수리야, 저 풍경 넘보지 마라

호수는 어이하여 하늘만 쳐다보나
봄 가을 변치 않는 푸른 맘 닮아선가
하늘의 높은 뜻 별들아 말해 다오.

若去日月潭

去日月[7]潭能看到在山坡茶园里
女人们和和睦睦聚一起摘茶
网袋里盛满茶香之时
水鸟们嘎嘎 陶醉在梦幻舞会
余兴在夕阳中全部烧尽后
一叶扁舟开过波光粼粼的水面

天空为何只俯视着湖水
是否因为她像圆日或像弯月
湖水的深意，啊，很想知道啊

若去日月潭后喝一杯红茶
茶杯上隐隐约约浮现出诗兴
湖水的微风让人心旷神怡
也可以画出那优美的风景

---

7)日月潭：地名，位于台湾中部，也是以清澈的水闻名的淡水湖泊。周边的茶园和自然景色十分优美。北半湖形状如圆日，南半湖形状如弯月，日月潭因此而得名。在这地区有九个民族的原住民世世代代以种红茶为业。日月潭红茶是台湾四大红茶之一，据说其中21号“红玉”有日月潭茶特有的茶香。

鸳鸯和绿头鸭浮在水面嬉戏玩闹
鱼鹰啊，你不要觊觎那风景

湖水为何只昂首望天空
是否因为像春秋季节不变的蓝心
星星们请说说天空的深意

르웨탄(日月潭) 호수

이제까지 내가 그리던 임
여기서 오래 기다렸구나
순하고 고운 선녀 마음씨
변치 말자며 약속을 했었지
일곱 빛깔 쌍무지개 띄우며
손까락 깍지도 꼬옥 걸었지
그래서 난 여길 찾아왔으니
홍옥차 들며 얘기꽃 피우세

그대는 둥근해 초승달 닮아
그래서 日月潭이라 부른다지
얕은 물엔 붕어 잉어 메기들
마름 수련꽃 우산 받고 놀지만
깊고 깊은 어두운 물속에선
예부터 이어온 아홉 겨레 전설
태초의 근엄한 하늘말씀도
어둠 속 별빛으로 빛난다지

日月潭湖水

直到现在我一直思念的你
你在这里等了很久了吧
既纯真又善良的仙女心
我们曾经发誓永不变心
七色双彩虹浮现在天空
那时我们十指紧扣
于是我就来到这里
喝着红玉茶谈笑风生

你像圆日也像弯月
所以人们把你称作日月潭
在浅水里的鲫鱼鲤鱼鲶鱼
虽然拿着睡莲当雨伞玩
但在黑暗的万丈深渊里
从古代传承下来九个民族传说
太初上帝的庄严话语
也在黑暗中变成星星发光

마추픽추 가는 길
- 비탈길 20리

굽이굽이 열세 굽이
지그재그 이십 리
산(山)사람도 천하장사도 별 수 없어

땀 흘리며 한 걸음
숨 크게 몰아쉬며 한 걸음
산 등을 개미 되어 오르는데

네 바퀴도 비탈길엔 덜커덕
울렁이는 동방인 가슴 가슴
베로니카[8] 차가운 눈빛에
오그라진 이 몸

밧줄 구름다리로 안개 속을
오르던 차스키[9] 앞에
감히 내가 서기나 하랴

---

8) 베로니카 : 마추픽추 협곡 앞에 솟은 거대한 萬年 雪峰
9) 잉카제국의 파발꾼. 잉카의 길에서는 바퀴 달린 수레는 다닐 수 없어, 파발꾼이 탐보를 멘 채 200Km가량 이어 달려서 위급사항이나 민심을 황제에게 보고하고, 또 황제의 명령이나 분부를 고을마다 전했다고 함.

나 이제금 태양의 문 들어서니
잉카황제여 나를 반겨주오

去马丘比丘的路

-破路二十里

弯弯曲曲十三个弯
之字形的二十里
山里人和天下壮士都一样

留着汗水走一步
大口深呼吸走一步
像蚂蚁一样爬上山脊

四轮也在破路上嘎吱作响
东方人的心怦怦地跳
在维罗尼[10]卡冰冷的眼神下
我的身体蜷缩起来

在迷雾里爬上绳索桥的
印加帝国查斯基[11]前
我岂敢挺胸抬头站立

---

10) 在维罗尼：马丘比丘峡谷前白雪皑皑的壮丽山峰
11) 印加帝国的信使。在印加帝国时代，路上不能运行有车轮的交通工具，所以查斯基以接力跑的形式每人跑200公里，向皇帝传达紧急事项或民意，也向每个村落传达皇帝的命令或指示。

我现在进入太阳之门
印加皇帝请您欢迎我

3부
봄의 속삭임을 들으려면

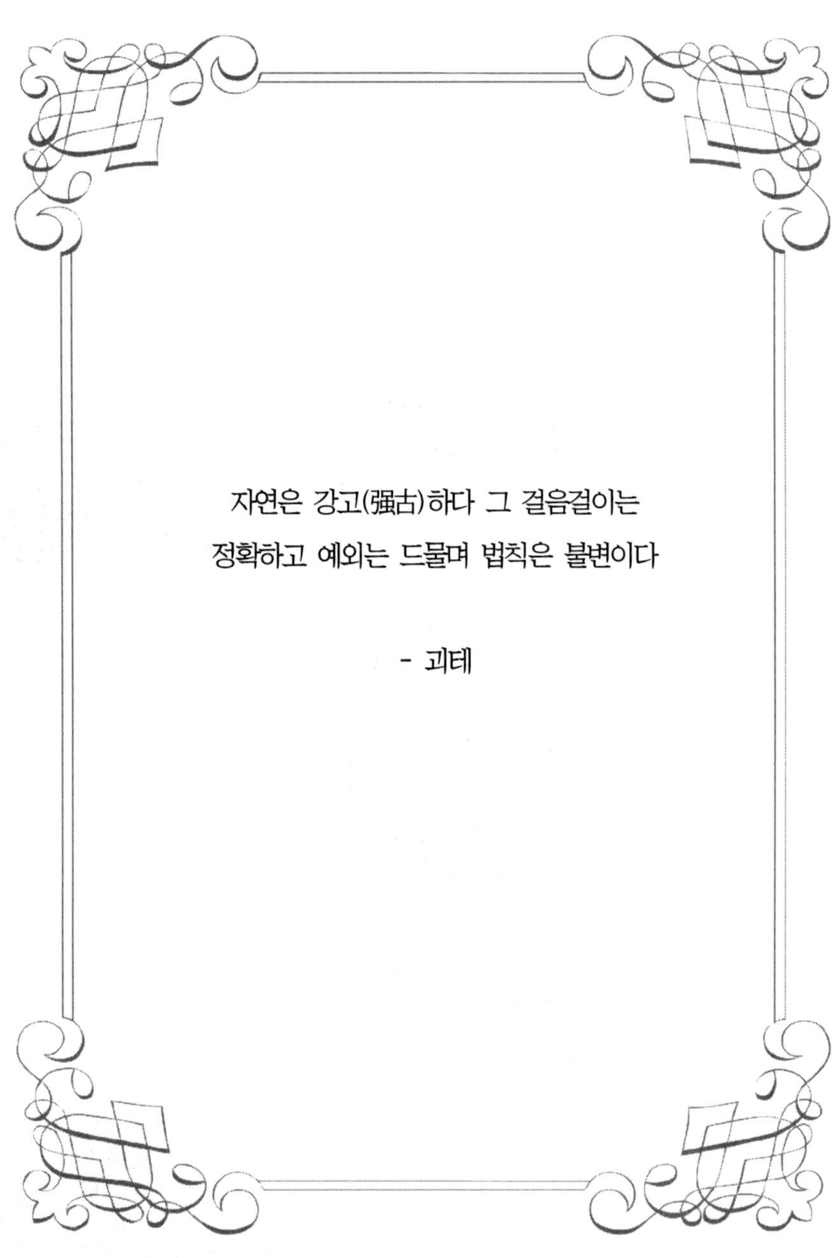

자연은 강고(强古)하다 그 걸음걸이는

정확하고 예외는 드물며 법칙은 불변이다

\- 괴테

무지동

지초 들판에
슬며시 꽃봉 연 무지내 마을
십자가 세운 지 어언 백년
방죽 물향 안개로 퍼져오면
봉제산 눈짓하며 길을 터줬네
금오도로 자동차 물결 일렁이고
하늬바람 서울로 이어지는 꿈길

오랜 회오리
인고의 나날 지켜 온 은행목
오늘은 훈훈한 봄바람에
팔을 벌려 흥을 돋우나
태봉도 마주보며 어깨춤 추나
은행동 능내동 마을길 칠리에
논둑길 밭둑길 이어지는 인정

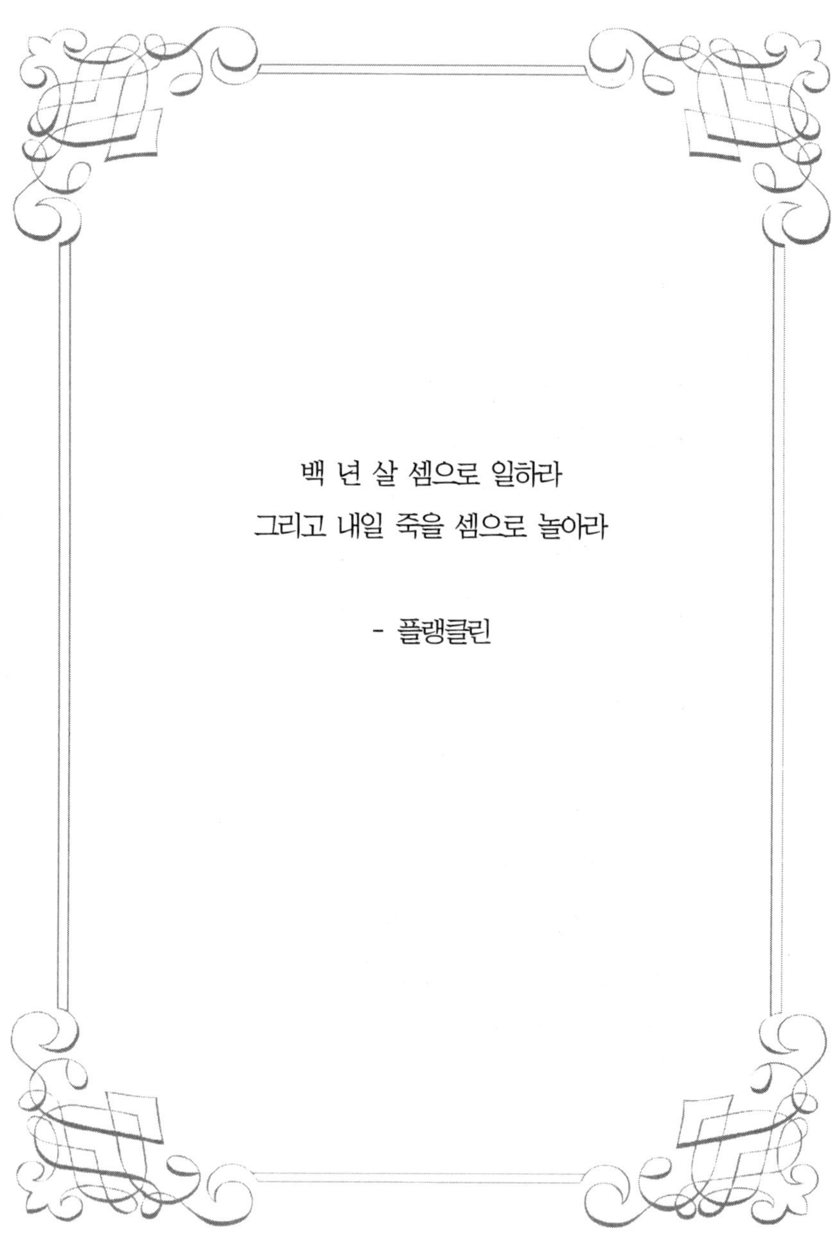

백 년 살 셈으로 일하라

그리고 내일 죽을 셈으로 놀아라

\- 플랭클린

문수산 전망대에서

예부터 보았다 너는 보았다
열어달라면 기어이 닫고
닫으면 힘없이 열리던 문
열고 닫다가 넘어져 뒹굴며
한상 임진은 손잡고 간다.

서양배 몽골군 긴 이야기도
물새는 부표 쇠울타리 넘어
가슴 열고 갈대에 속삭인다
너는 지켰다 예부터 지켰다
이 나라 대문 수문장 되어

아아, 손돌목 저 물결소리
아아, 손돌목 저 물결소리
천 년 지켜보며 문수는 서 있다
문수는 서 있다

우정은 영혼의 결혼이다

- 볼테르

물은 그저 그렇게

높은 산 바위틈 사랑물 샘솟아
계곡물 졸 졸 강으로 다 모여
호수로 달려가 살랑대며 놀다가
세모진 논에서 세모나지 않아
네모진 그릇에 네모나지 않아
그저 그렇게 살면서 흐르네

가뭄엔 친구들 모두 다 떠나면
깊은 데 숨어서도 전진노래 부르네
하늘 뜻에 순종해 아래로만 내려가
수챗물 시궁창도 부끄럽지 않아
두둥실 뭉게구름 자랑하지 않아
그저 그렇게 살면서 흐르네

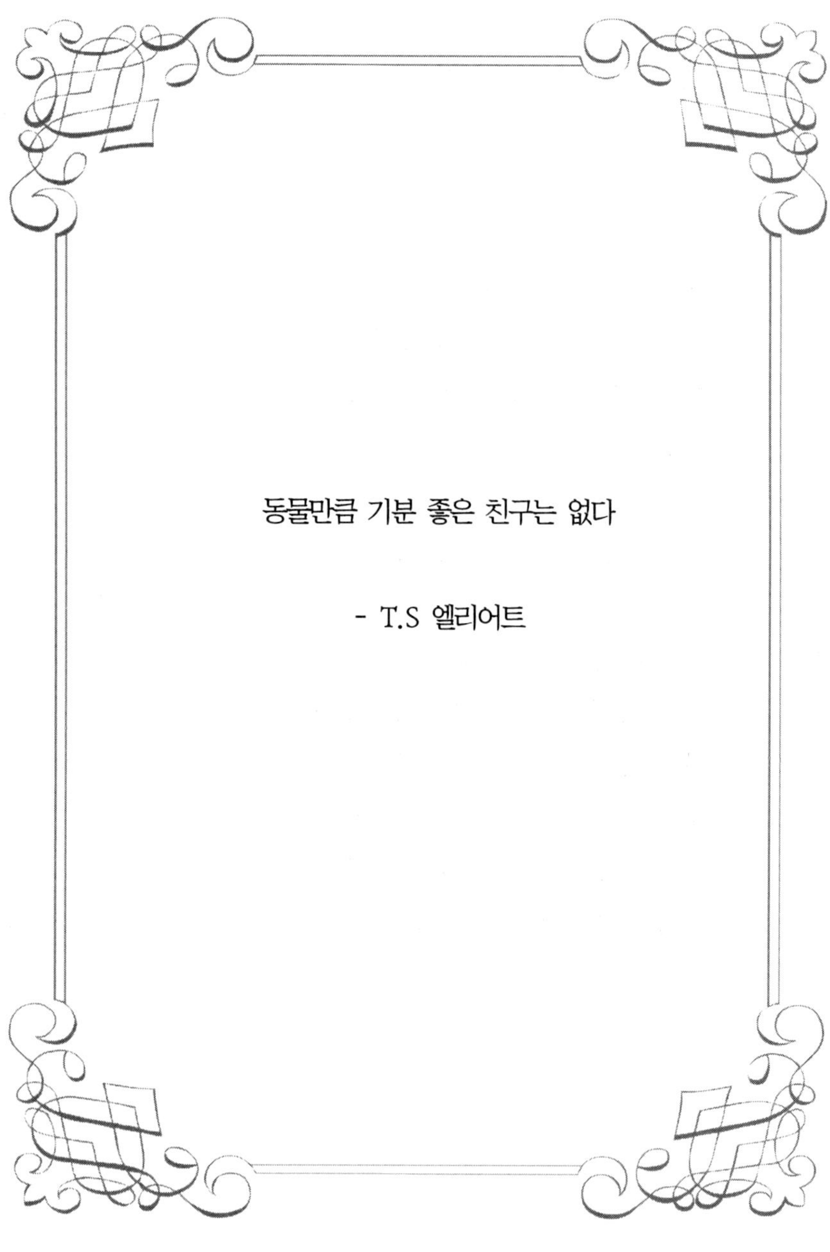

동물만큼 기분 좋은 친구는 없다

- T.S 엘리어트

바위

바위는 입을 굳게 다물고 있어도
바른 길 눈짓으로 인도해준다오
다문 입 언제 열고 말해주려오
들꽃이 하늘하늘 춤추오리다
아, 말없는 향기 은은하다오

바위는 눈을 꼬옥 감고 있어도
흐르는 시냇물 가는 곳 안다오
봄바람 살랑살랑 꽃잎 춤추이면
입가에 방긋방긋 미소 짓는다
아, 변함없는 그대의 향기

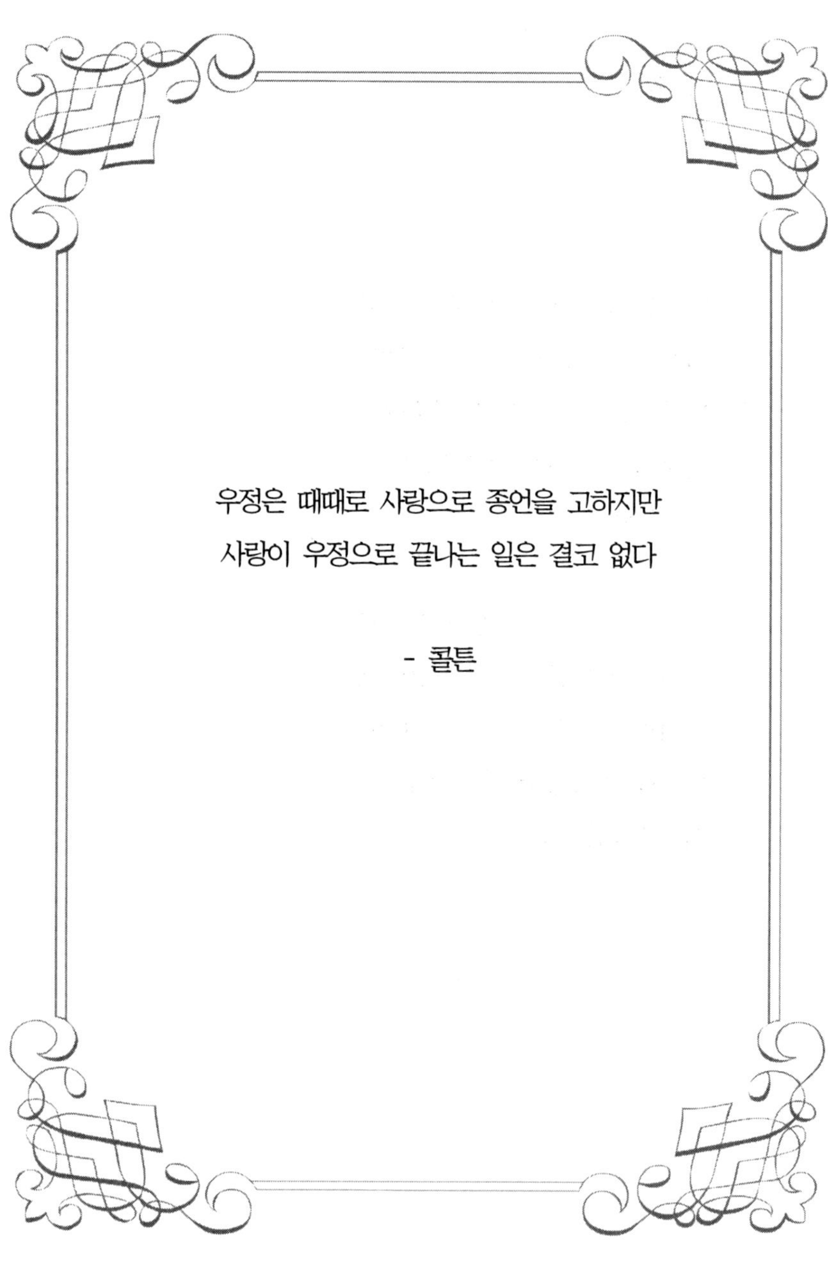

우정은 때때로 사랑으로 종언을 고하지만
사랑이 우정으로 끝나는 일은 결코 없다

- 콜튼

박꽃의 꿈

위로 오르면 둥근 달을 보려나
눈부신 해와 친해질 수 있으려나
밤낮 조금씩 기어올라
꿈만큼 부풀리고 있네

달빛을 담아라 별빛을 담아라
둥근 그릇에 興夫 福을 담아라

날마다 지붕 위로 조금씩 번어
밤낮 덩굴손으로 붙잡고
파란 달덩이 품으려고
새순을 구름 위로 올려본다

해를 보면 그렇게 수줍은가
달을 보면 그렇게 수줍은가
해가 西山을 넘으니
흰옷 입고 별을 맞는다

달빛을 담아라 별빛을 담아라
둥근 그릇에 興夫 福을 담아라

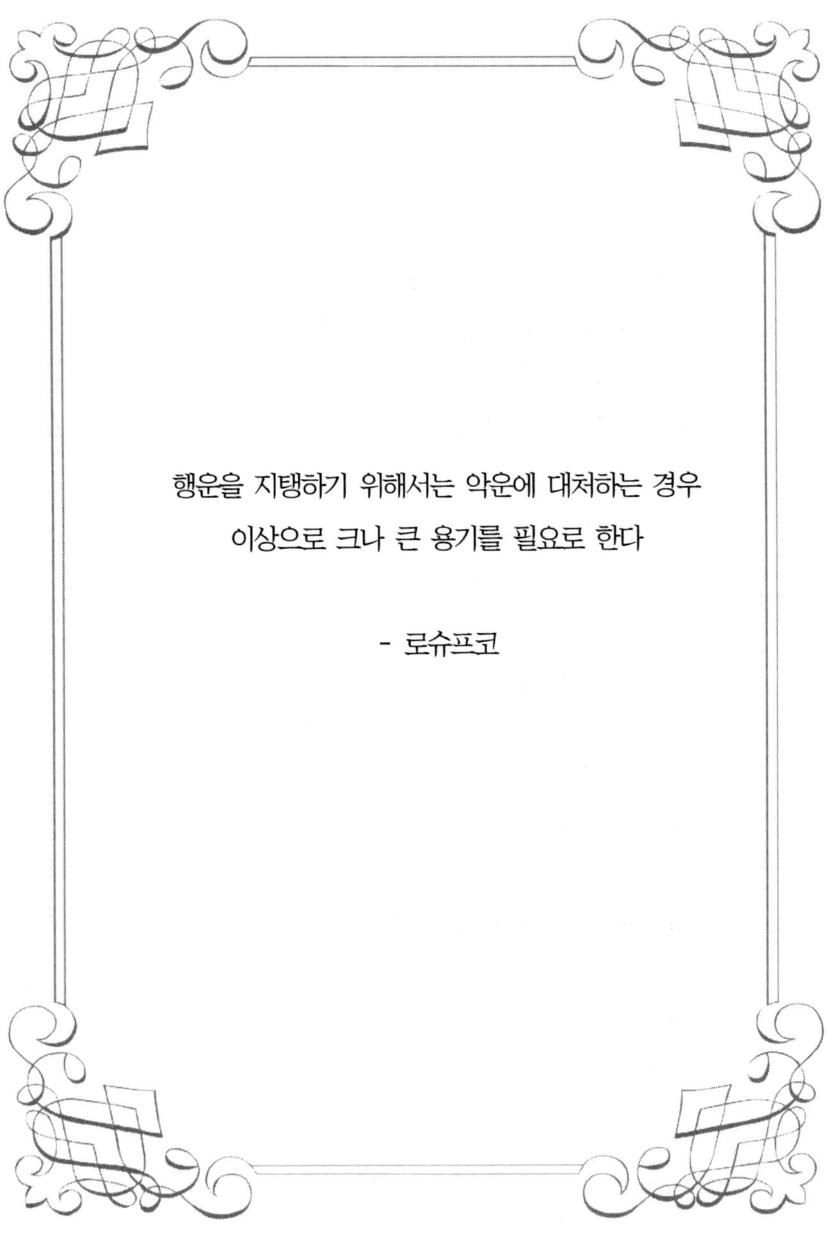

행운을 지탱하기 위해서는 악운에 대처하는 경우 이상으로 크나 큰 용기를 필요로 한다

- 로슈프코

뱀내장터 몰잇꾼

암소 고삐 잡은 뱀내장터 몰잇꾼
장군바위 손짓에 발걸음 재촉해
풀 이슬 스쳐가며 장터에 들어서니
거간꾼 새벽부터 기다리다 맞아주네
내가 먼저 맡았다 서로 끈 당기다
장 영감이 먼저 말뚝에 매어두네

조끼 주머니에 넣어준 돈 뭉치
세어보다 머리 저으며 돌려줘도
흥정꾼은 뿌리치며 저만치 달아나다
지폐 몇 장 더 주니 환히 웃네
길 건너 순댓집은 그들이 단골손님
막걸리 몇 대접에 흥을 돋우네

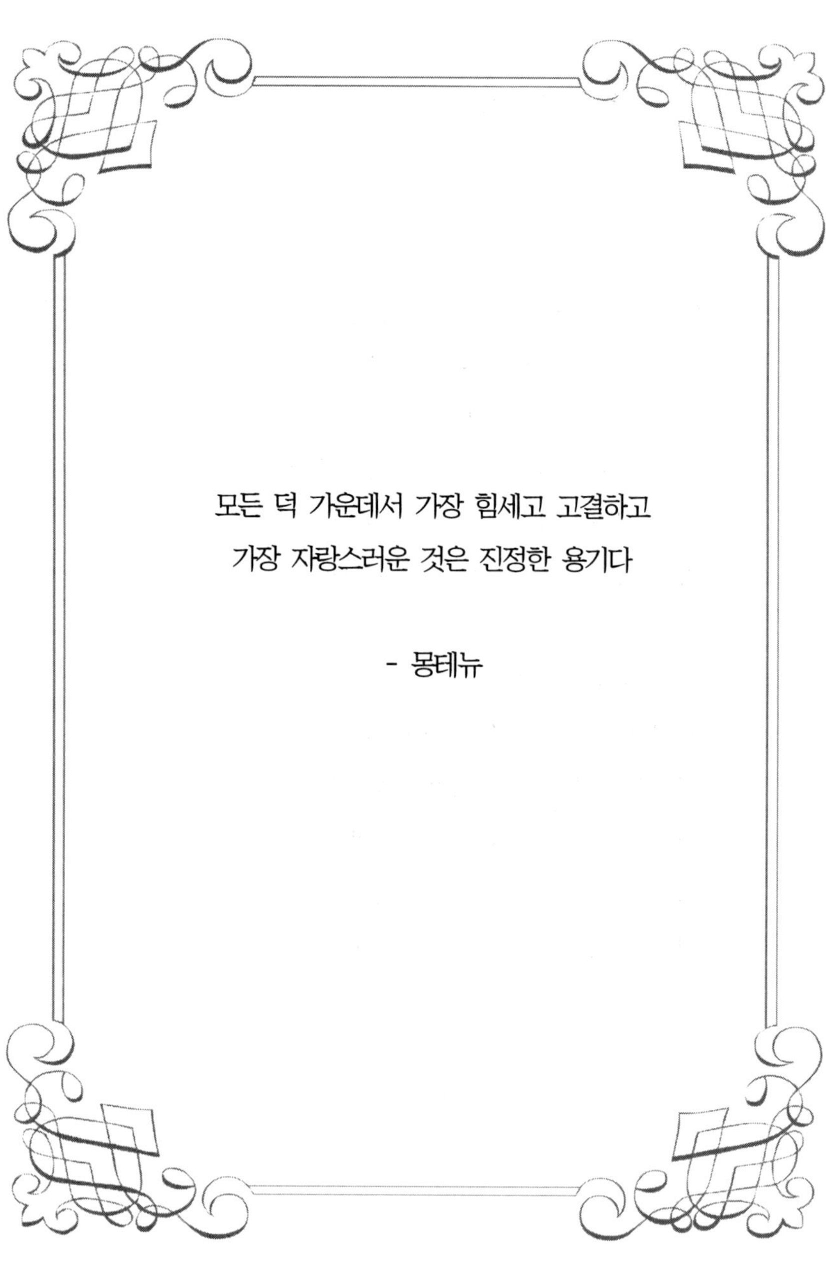

모든 덕 가운데서 가장 힘세고 고결하고
가장 자랑스러운 것은 진정한 용기다

- 몽테뉴

봄의 속삭임 들으려면

봄의 속삭임 들으려면 어서
혼자 오세요 와서 들으세요
겨우내 침묵하던 목련가지마다
저렇게 가녀린 세순들 돋아나
한 처음 나직한 그 음성으로
반가운 봄소식 속삭여 줍니다

봄의 눈짓을 보려면 어서
혼자 오세요 와서 보세요
몽골 시베리아 칼날 세운 바람
얼음판 천만 근 무게에 짓눌린
땅 속의 개구리 들판의 풀들
티 없는 눈짓으로 맞아 줍니다

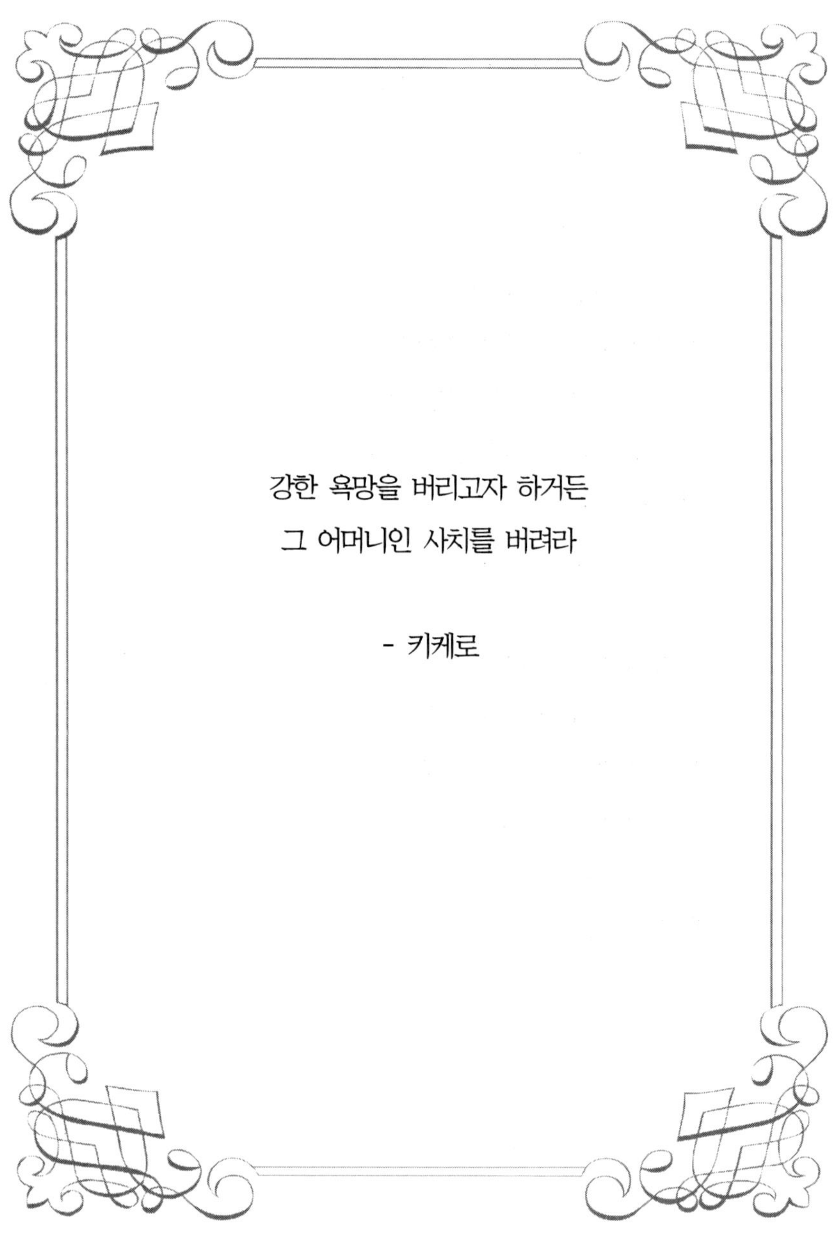

강한 욕망을 버리고자 하거든
그 어머니인 사치를 버려라

- 키케로

사계의 노래
- 여름

버드나무 그늘 드리운 연못엔
메기 붕어 송사리 모여 놀고
한곳에 타던 젊은 이 가슴
한 바탕 소나기로 식히네

소리치며 낙하하는 장대비야
온 대지 불길 꺼오더니
내 가슴에 불타는 열정은
어찌 식힐 줄 모르는가

고양이 눈감고 조는 사이에
호박 넝쿨 담장 위로 기어올라
놋노란 참외밭 한참 내려보다
꿈덩이 하늘 향해 키우네

높음만을 자랑하는 너 산아
아래로 내달리는 강물아
푸른빛만 노래하는 사이
무지개 벌써 하늘 닿았다

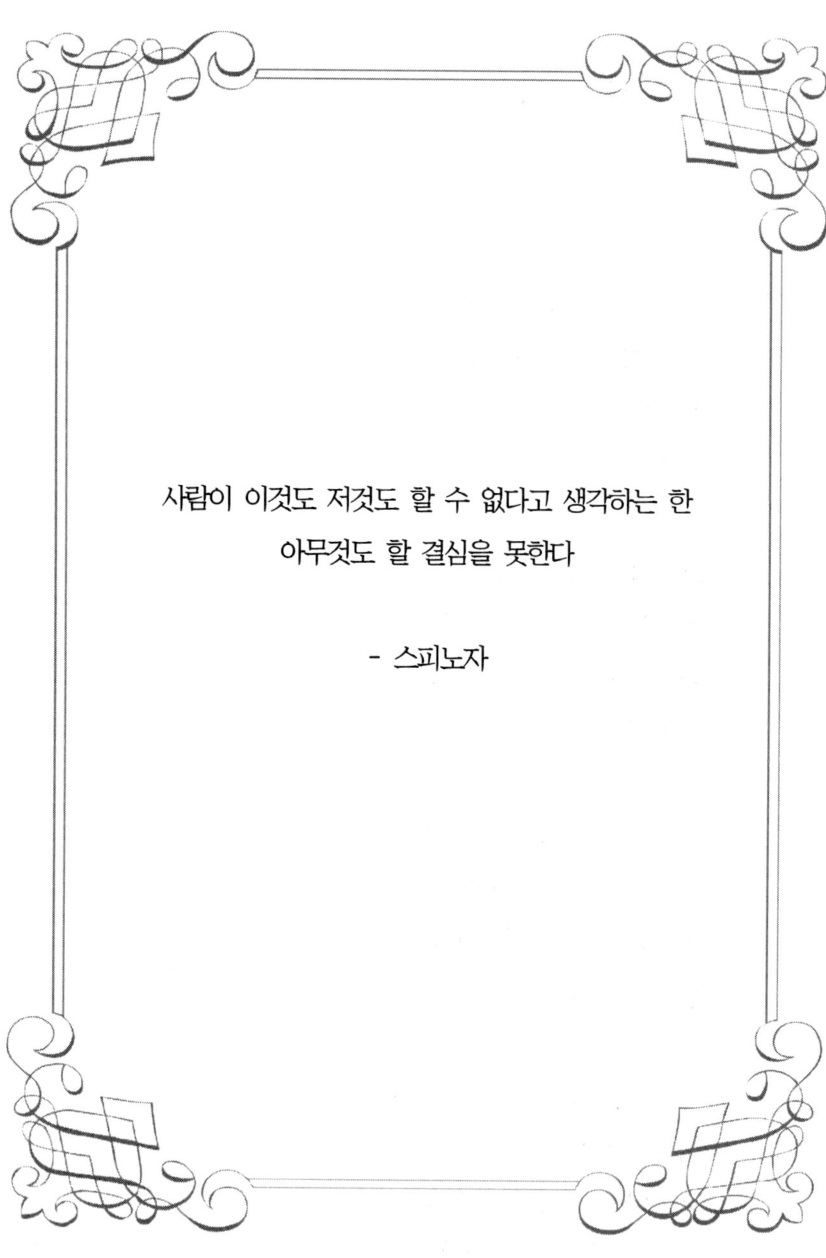

사람이 이것도 저것도 할 수 없다고 생각하는 한
아무것도 할 결심을 못한다

\- 스피노자

살미 앞들로

꽃샘바람 타고서 봄기운 오누나
얼-럴러 상사뒤야
살미 앞들로 논갈이하러 가세
魔鬼논 수렁배미 뻘배미 깊은배미
웅덩이 손아귀에 고뚜레 잡히려나
조심조심 나가야 해 얼-럴러 상사뒤야

지지배배 종달새 虛空을 누비나
얼-럴러 상사뒤야
살미 앞들로 못자리하러 가세
예수논 매밀배미 두람논 마루배미
어린 모 하나하나 푸른 꿈 가꾸고서
露積가리 높여야 해 얼-럴러 상사뒤야

어젯밤에 내린 비 풍년을 담았나
얼-럴러 상사뒤야
살미 앞들로 물꼬 보러 가세
구레논 등잔방죽 긴배미 고래실논
벼잎새 하늘하늘, 銀물결 넘실넘실
鶴媚山이 방긋 웃네 얼-럴러 상사뒤야

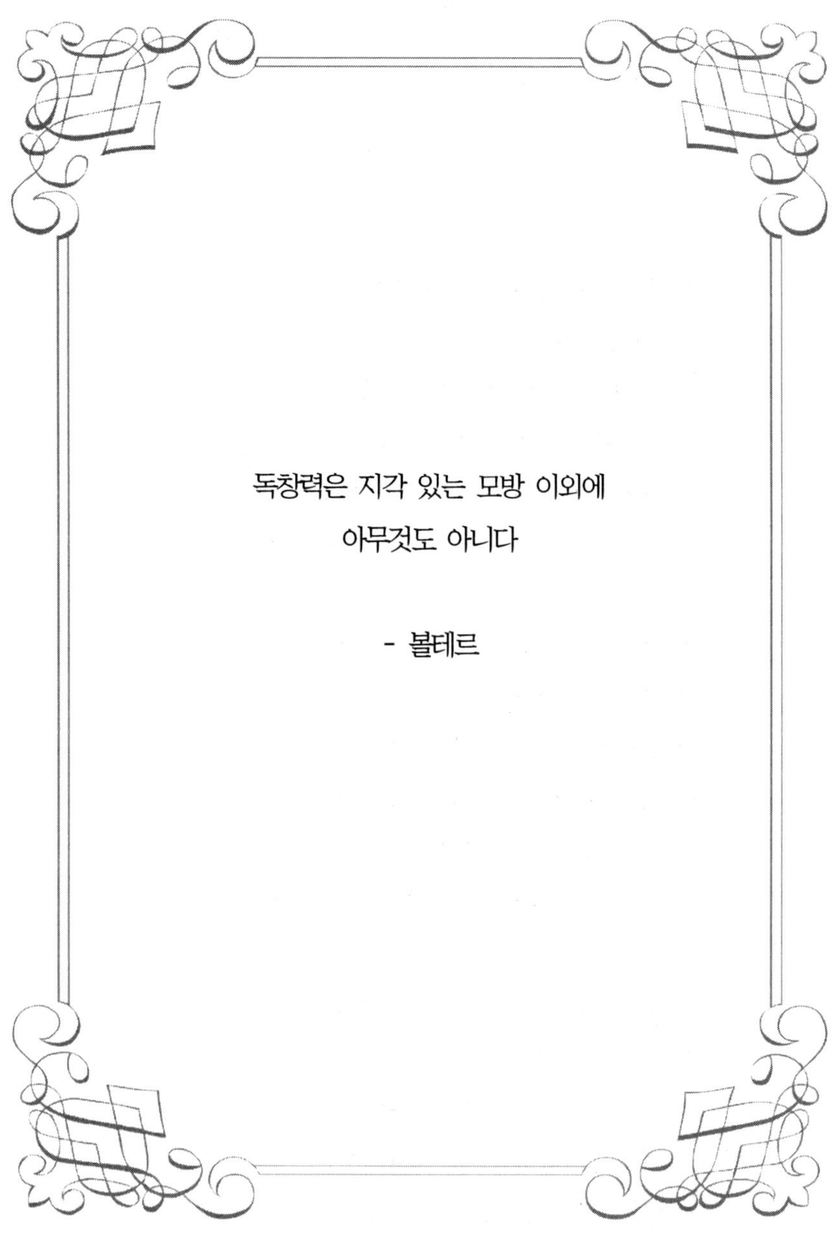

독창력은 지각 있는 모방 이외에
아무것도 아니다

- 볼테르

서산에 노을 지는데

어서 건너라 강을 건너라
나에게 파란 불빛 눈짓하니
건너야 하나 서있어야 하나
앞으로만 자꾸 나아가면
모래바람 눈앞에 펼쳐지니
꿈에 그리던 오아시스

앞만 보며 어서 가라
나에게 저녁노을 눈짓하니
걸어야 하나 멈춰야 하나
서산이 환희로 다가오면
감미로이 들려주는 저 하늘
즐거운 노래 슬픈 노래

부르는 손짓 가물가물
걷고 걸어도 맞아줄 이 없는
모래펄 너머 천 길 벼랑에
노송 한 그루 우뚝 서서
흘러간 노래 크게 부르며
서녘하늘 별에게 길을 묻네

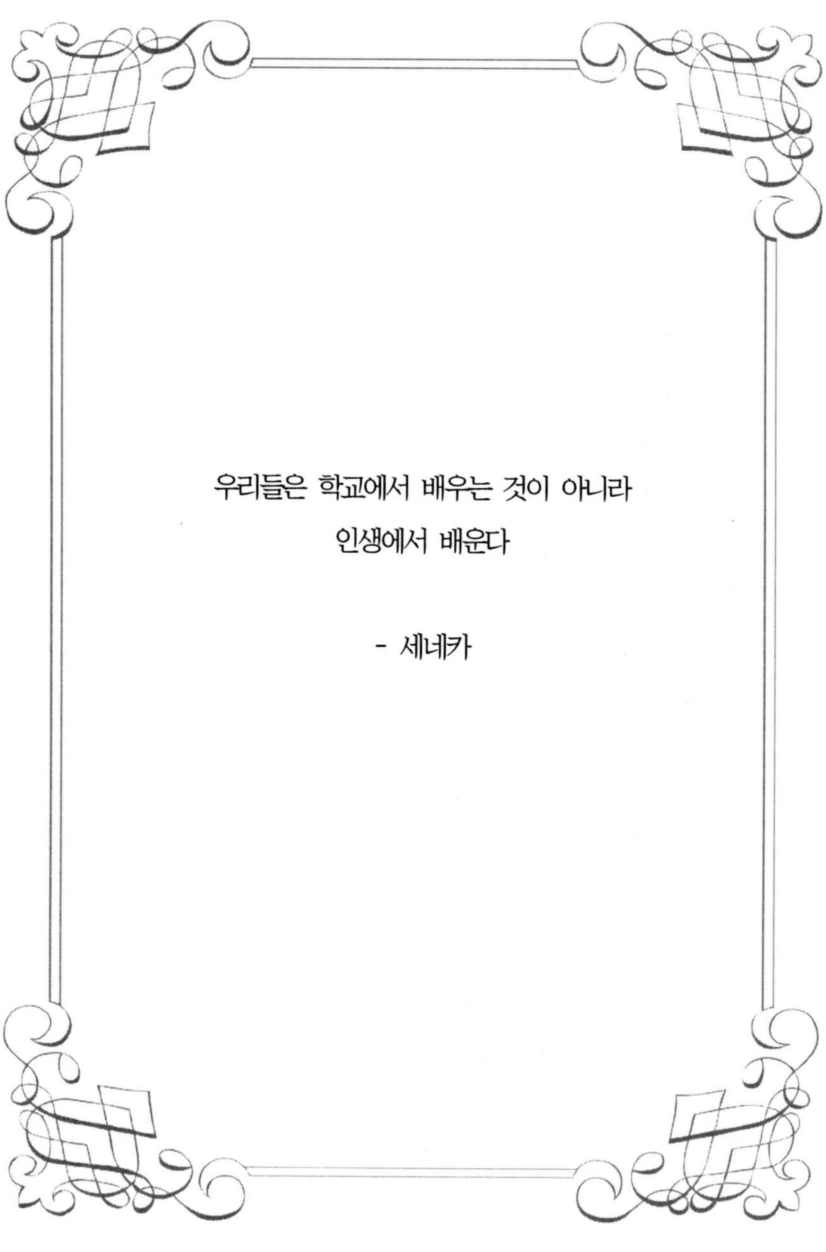

우리들은 학교에서 배우는 것이 아니라
인생에서 배운다

- 세네카

소나무야

겨울바람 뼈마디에 스며와도
양달에 옮겨 서지 않음은
응달에 봄기운 불러오고자
한 곳에 언제나 서 있음이니
소나무야 너의 절개 영원하여라

하늘엔 뭉실뭉실 솜구름
바람과 새들도 불러와
덩더꿍 한 마당 열어보고자
에덴동산 아름다이 그려감이니
소나무야 너의 꿈 아름다워라

뿌리로 뽑아 올린 깊은 사랑
별들의 반짝이는 지혜로
흰나비 언어를 전하고자
한밤을 뜬 눈으로 지새움이니
소나무야 너의 사랑 따사로워라

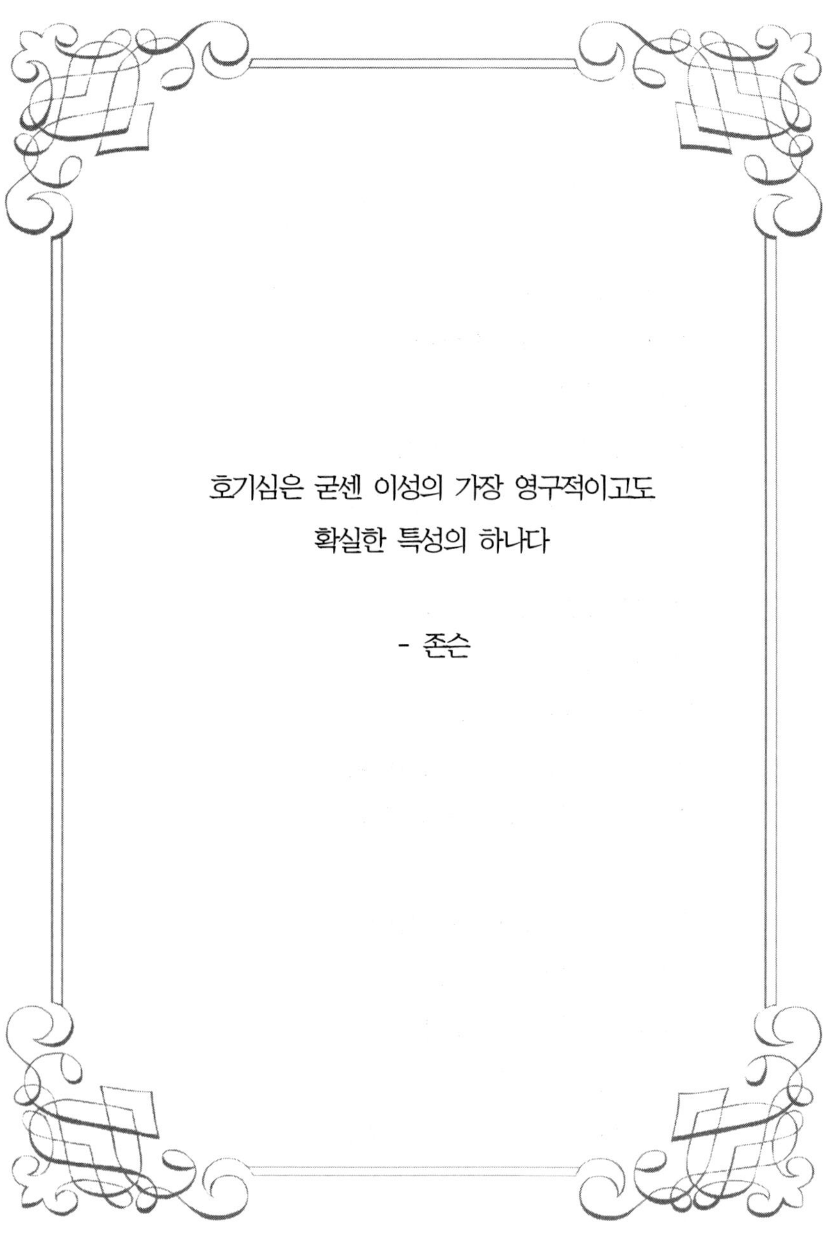

호기심은 굳센 이성의 가장 영구적이고도
확실한 특성의 하나다

- 존슨

숭례문

한양 터 사방에 한 울타리 두르니
구름은 바람 따라 서녘으로 피하네
남녘에 홀로 서도 늠름한 숭례문
성 안은 새들 노래 꽃향기 그윽해
우리 다소곳이 남문으로 들어가
북한산 바라보며 새 마음 다져야지

새벽녘 파루종에 대문을 열어두고
인정종 울어대면 그 문을 닫는다네
인륜을 어긴 자는 곤장을 맞으리니
마음을 비운 자만 살며시 들어오게
남자는 등에다 저녁놀 한 짐 지고
여자는 머리에다 별빛 이고 와야 해

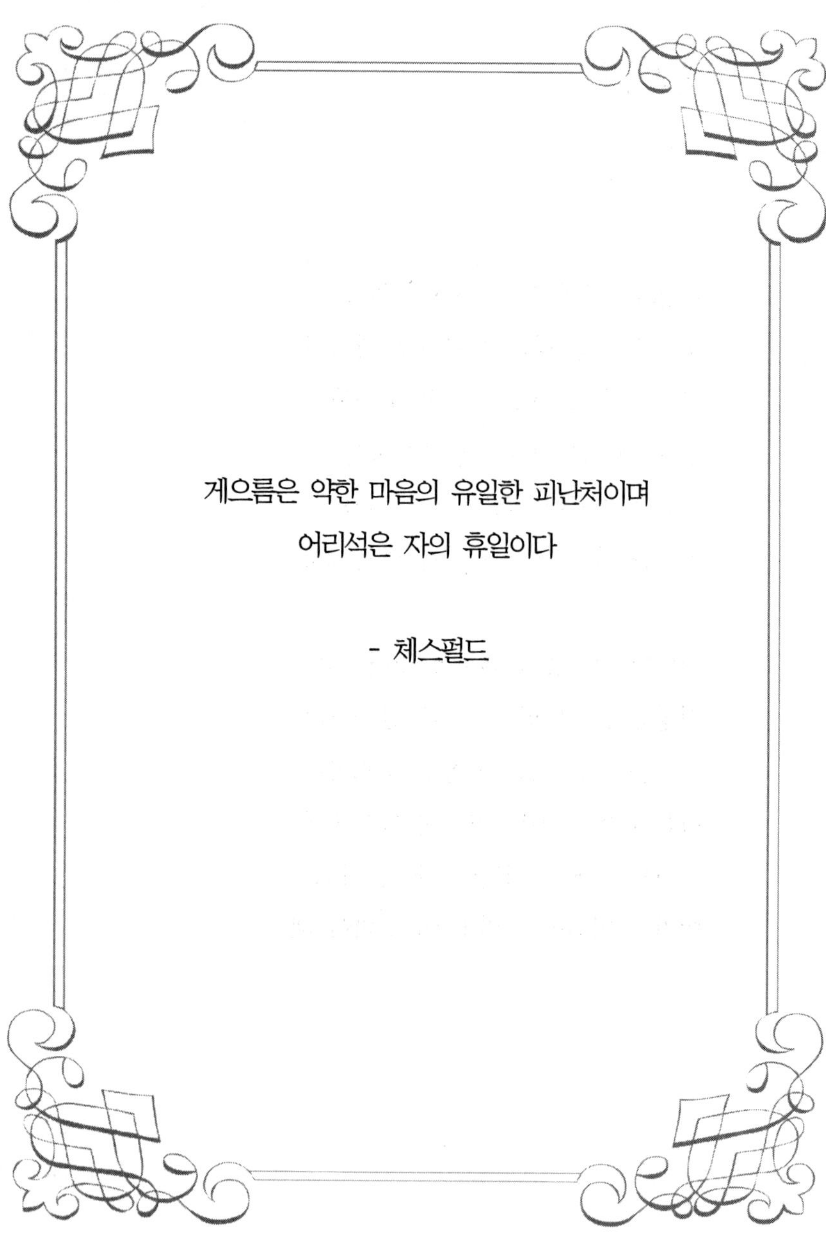

게으름은 약한 마음의 유일한 피난처이며
어리석은 자의 휴일이다

\- 체스필드

시흥 염전터에서

푸른 함초풀 하늬바람에 춤추고
물새야 넌 아느냐 흰 보석 영글던 곳
무자위 바퀴 위에 떨어진 땀방울이
푸른 꿈 넘실대며 꽃망울 맺혔지
바닷물 짠 맛이 단맛 웃음 피우던
아, 추억을 쌓아가던 염전

시흥 갯벌이 그리워 달려온 밀물
철수야 넌 아느냐 순희와 뛰놀던 곳
갈대밭 속에서 속삭이던 밀어들
하얀 보석 하나씩 높이 쌓았지
바닷물 짠 맛이 단맛 웃음 피우던
아, 사랑을 노래하던 염전

4부

장하다 백두산아

아무르 강은 흐른다

아무르 강[12]은 흐른다 밤낮없이
기나 긴 세월 도도히 흐른다
구름을 제치며 눈부신 햇살과
어둠을 제치며 밤하늘 별들과
넌지시 속삭인다 환한 얼굴로
대지를 적시며 바다로 흐른다

아무르 강은 흐른다 귀를 열며
天山族 오고 가던 예전 길가엔
드넓은 들녘 수수잎 소근대고
말을 탄 사나이 호탕한 웃음소리
말발굽 따그닥거리며 지날 때면
들꽃들 하늘하늘 허리춤 추었다

---

12) 아무르(Amur) 강 : 러시아에서 부르는 강의 이름이며, 중국에서는 헤이룽 강(黑竜江)이라 부르는데, 그 유역은 옛날 고구려와 발해의 영역임.

아무르 강은 흐른다 눈보라에도
긴 국경 허술한 울타리 사이로
흰곰들 뽀드득 발자국 소리 내면
밤에도 물결 높여 호통을 친다
백두산 호랑이 다 어디 갔느냐
갈대도 물새도 할 말이 없구나

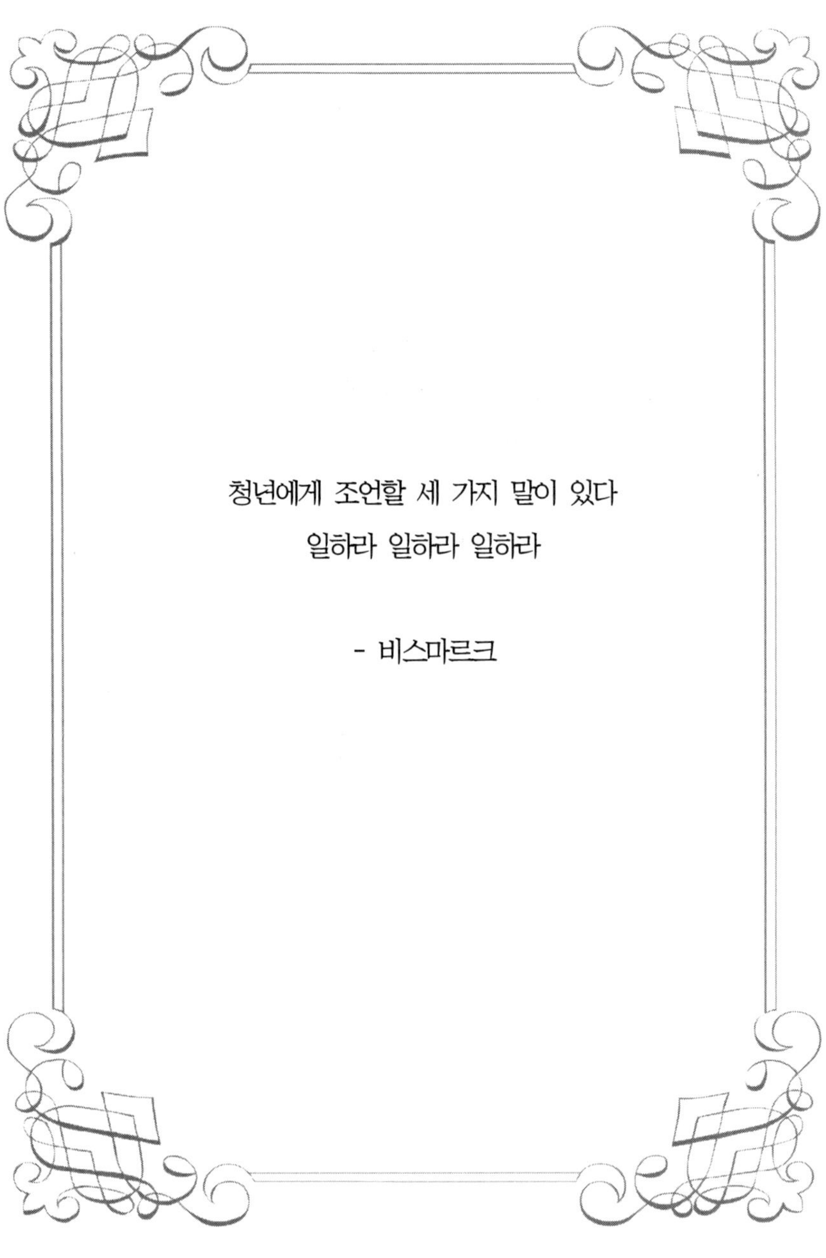

청년에게 조언할 세 가지 말이 있다
일하라 일하라 일하라

- 비스마르크

연아 날아라

나비연아 날아라
봉황연아 더 멀리 날아라
시흥 雪花紙에 하얀 눈 펄펄
흩날려도 그저 마냥 좋아라
그대 정 맘대로 당기고 풀며
명주 細白絲에 사랑 감는
나의 육모얼레여
하늘 복줄 오래오래 쥐고 있어라

오색연아 날아라
제비연아 더 멀리 날아라
너를 쥔 연줄에 마음 두지 말고
자유로이 한껏 돌아다녀라
저 아래 소래산 내려다보며
겨울바람에 시달리던
마른 나뭇가지들
파란 꿈 아름다이 펴주어라

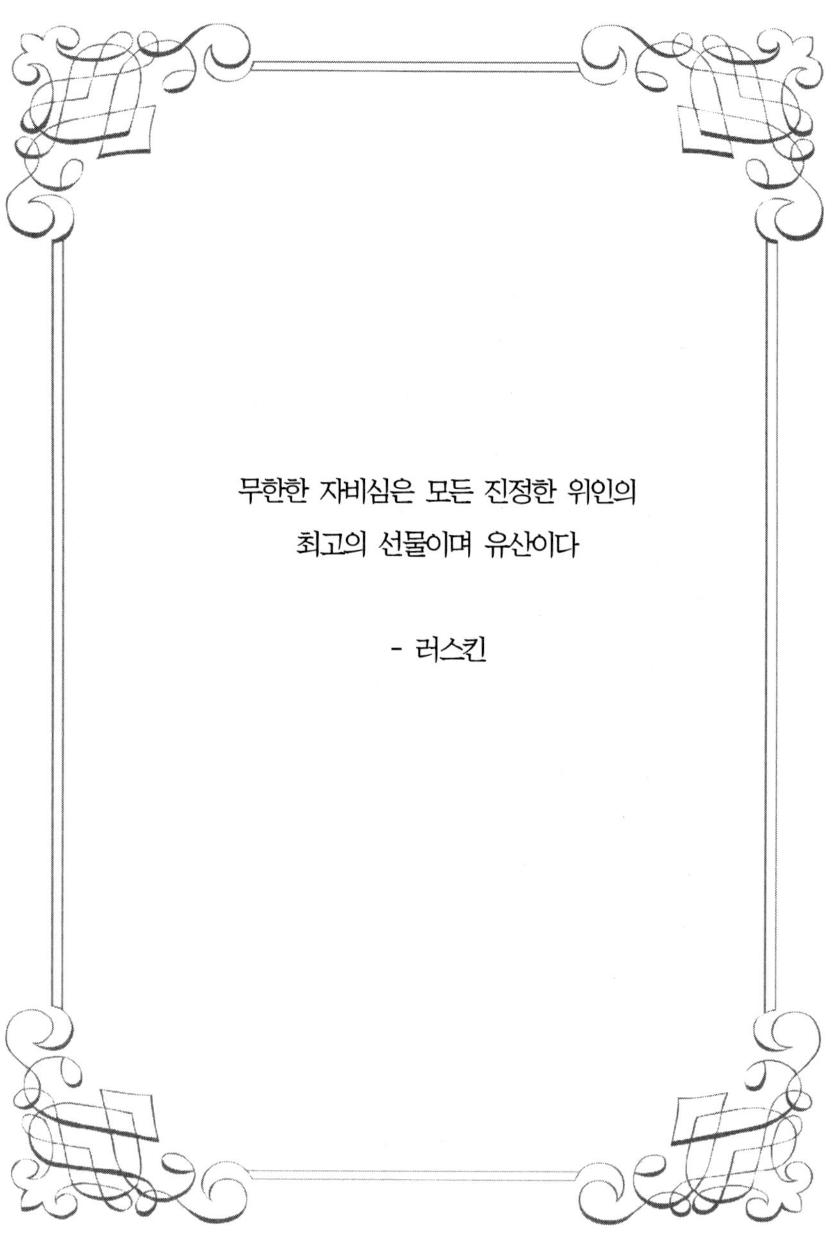

무한한 자비심은 모든 진정한 위인의
최고의 선물이며 유산이다

- 러스킨

오동도

동백 잎이 동동
물 위에 떠서 둥실
춤추며 나에게 눈짓하니
달려가고 싶어라 동백열차로

바람에게 속삭이는
신이대 무리의 은밀한 얘기
동백 화장내 짙은 입으로
말해 주는 전설도 아리송하고

향일암은 동녘만 노려보는데
한사코 배 뒤를 따라오던
물새 몇 마리
좌수영 대첩비 저기라고
부리 쳐들어 알려주지만

어느새 해가 서산에 기우니
등대 혼자 남아 배웅해주네

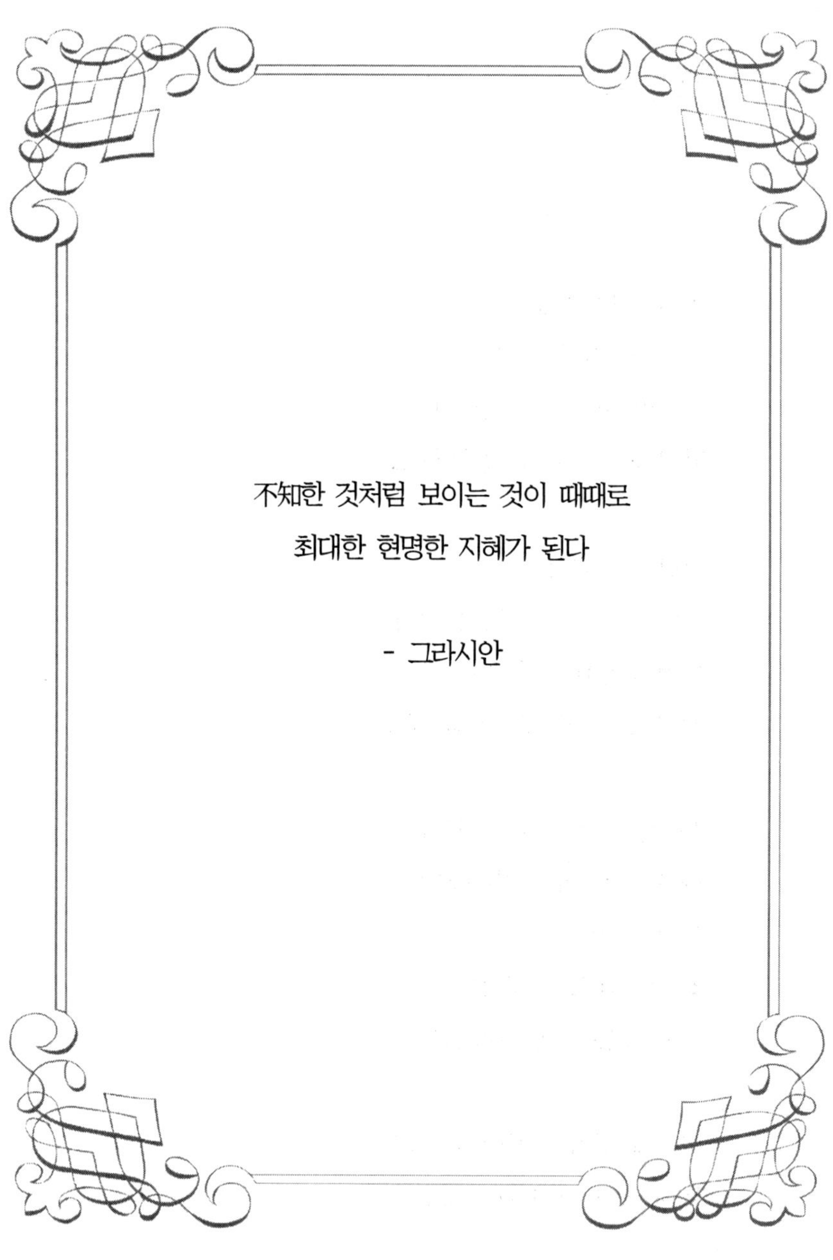

不知한 것처럼 보이는 것이 때때로
최대한 현명한 지혜가 된다

\- 그라시안

용두레 우물

두만강 물결소리 바람에 높아졌나
수양목 손짓으로 달리는 님 세우며
시원한 물 한 모금 타는 목 식혀 주네
남녘하늘 그리며 뿌리 길게 내리어
낮에는 구름 향해 밤에는 별을 향해
푸른 꿈 키워가는 용두레 우물물

해란강 물 마르고 풀포기 시들어도
새 희망 조-졸 쉬지 않고 샘솟아
맑은 물 한 모금에 영혼 생기 돋우네
한겨레 가슴 속에 뿌리 깊이 내리어
낮에는 구름 보며 밤에는 별을 보며
무궁화 꽃피우는 용두레 우물물

우수리스크 발해성

- 성채는 마음으로 쌓아야지

앞에는 허허벌판 뒤에는 목초 밭
돌로 높이 쌓은 담장이 아니네
하늬바람이 미친 듯 달려오면
백양나무가 먼저 몸을 낮추고
독수리 떼 무리지어 몰려오면
낮은 언덕이 몸을 더 숙이네
수이푼13) 물새들은 알고 있으리
성채는 마음으로 쌓아야지

안에는 작은 산 수풀과 풀마당
쇠로 둘러쌓은 담장이 아니네
허기진 까마귀 미친 듯 날아오면
산까치가 놀라 먼저 달아나고
거란의 늑대 불현 듯 달려오면
긴 뿔 하얀 염소들 줄행랑치네
참새도 뱁새도 알고 있으리
성채는 마음으로 쌓아야지

---

13) 수이푼 강 ; 우수리스크 발해성 가까이 흐르는 江

번개눈빛 한 번 번뜩이지 못하고
어제는 하늬바람 그제는 높바람
아침 안개로 사라진 海東盛國[14)]
아, 발해 발해성이여.

14) 海東盛國 ; 당나라에서 발해를, 문화가 발달하고 국토가 넓으며 바다 동쪽에 있는 나라라고 이르던 말.

원두막

'이놈들, 누구집 녀석이냐 어서
참외 놓고 가거라 수박 놓고 가거라'

파란 들녘 바람 언뜻 스쳐오는
한여름 원두막에 홀로 누웠어요
순치고 퇴비주고 잡풀 뽑아준
그 보람 바람 따라 지붕을 오릅니다

한낮 따가운 햇살을 가려주는
이엉 두른 지붕 아래 홀로 있어요
둥근 꿈 가득 채운 참외와 수박
한두 개 먹으며 사는 맛 봅니다

초저녁 하늘에서 별들이 깜박이는
밭머리 원두막에 홀로 있어요
고랑 따라 다가오는 서리꾼을
눈 번쩍이며 지키어 봅니다

'이놈들, 누구집 녀석이냐! 어서
참외 놓고 가거라 수박 놓고 가거라'

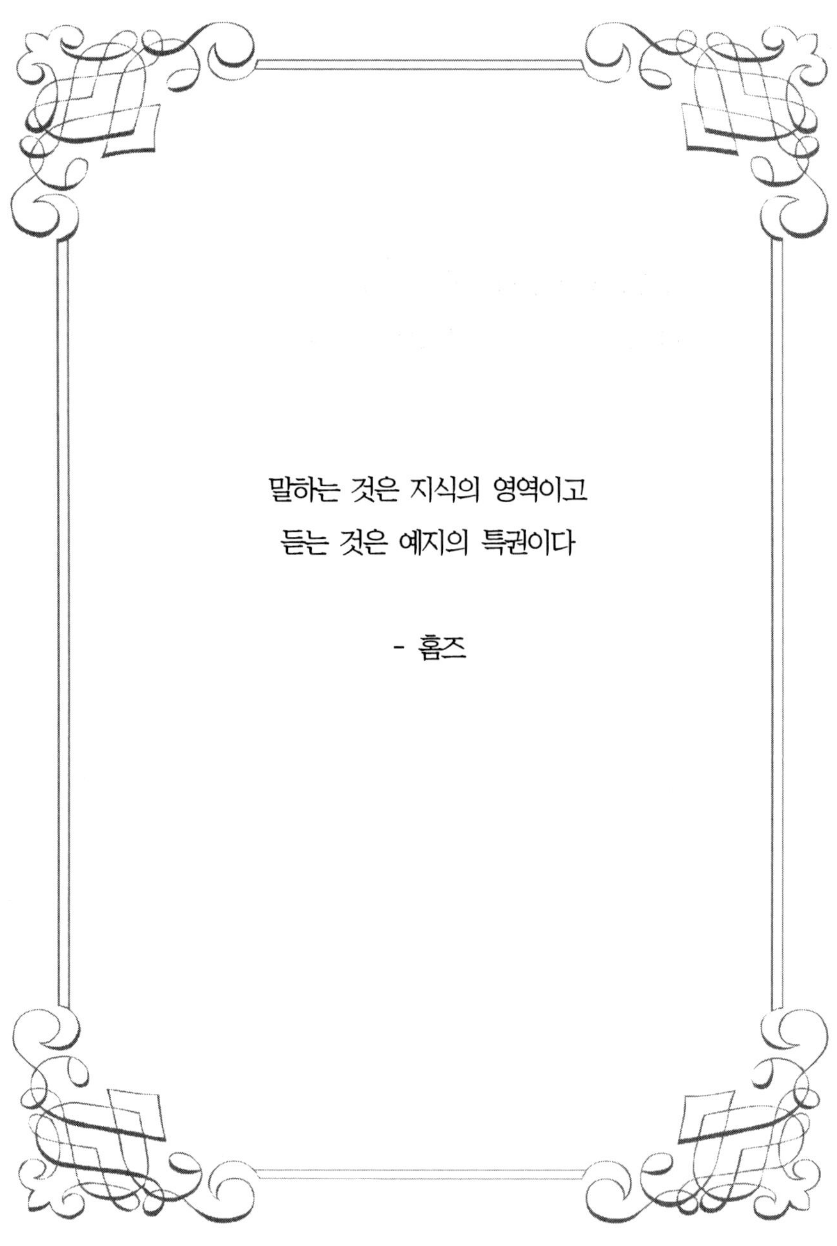

말하는 것은 지식의 영역이고

듣는 것은 예지의 특권이다

- 홈즈

육이오 참전 유공자비 · 3
- 은계어린이공원에서

탑머리 한 송이 연봉오리
꽃갑 지나도 피우지 못해
오늘도 하늘에 기원하네
하늘과 땅, 바다의 용사들
경찰 공적도 탑신에서 빛나
드높아라 겨레 위한 그 충정

기단의 열여섯 나라기(旗)
귀뚜리 슬피 울던 초저녁
정의로 모여 어깨 나란히
별을 보며 외로움 달래나
총소리 포소리 전차소리
끝없어라 그때 육이오 얘기

이과수 폭포 · 1

始原의 정적 펴놓은 수풀
대나무 · 고무나무 · 바나나
그 사이사이 헤쳐 나온 물길
인디오 혼령 싣고 내닫는다

사방에서 들려오는 원성
그 상처 얼마나 커서
수억 톤의 아우성이 쏟아지는가
그 원한 얼마나 사무쳐서
기나긴 세월을 통곡하는가

흰가슴부리새는 부리 길게 내밀고
슬피 운다 붉은머리앵무새도 운다

빛 속에 피가 젖고
피 속에 얼이 스미어
풀들이 울며 일어선다
넘어지다 또 일어선다

우르르 쏴아, 인디오들
떨어지며 떨어지며 부서져
물보라 되어 무지개 꽃피운다

이과수 폭포 · 2
- 꿈인 듯 싶더니

꿈인 듯 물안개 스며오고
생시인 듯 무지개 황홀해

그대 곱고 진한 향
장엄한 落花는
누구의 솜씨인가

더욱 가까이 다가가서
나무의 숨소리
꽃들의 웃음도 알아보려니

떨리는 붓끝 감당치 못하는 화가여
그 신비 담아낼 수 있는가

그대 앞에 서있는 나는
벙어리 귀머거리인가

꿈인 듯 흰 물새 날고
생시인 듯
용궁 언뜻 떠오르네

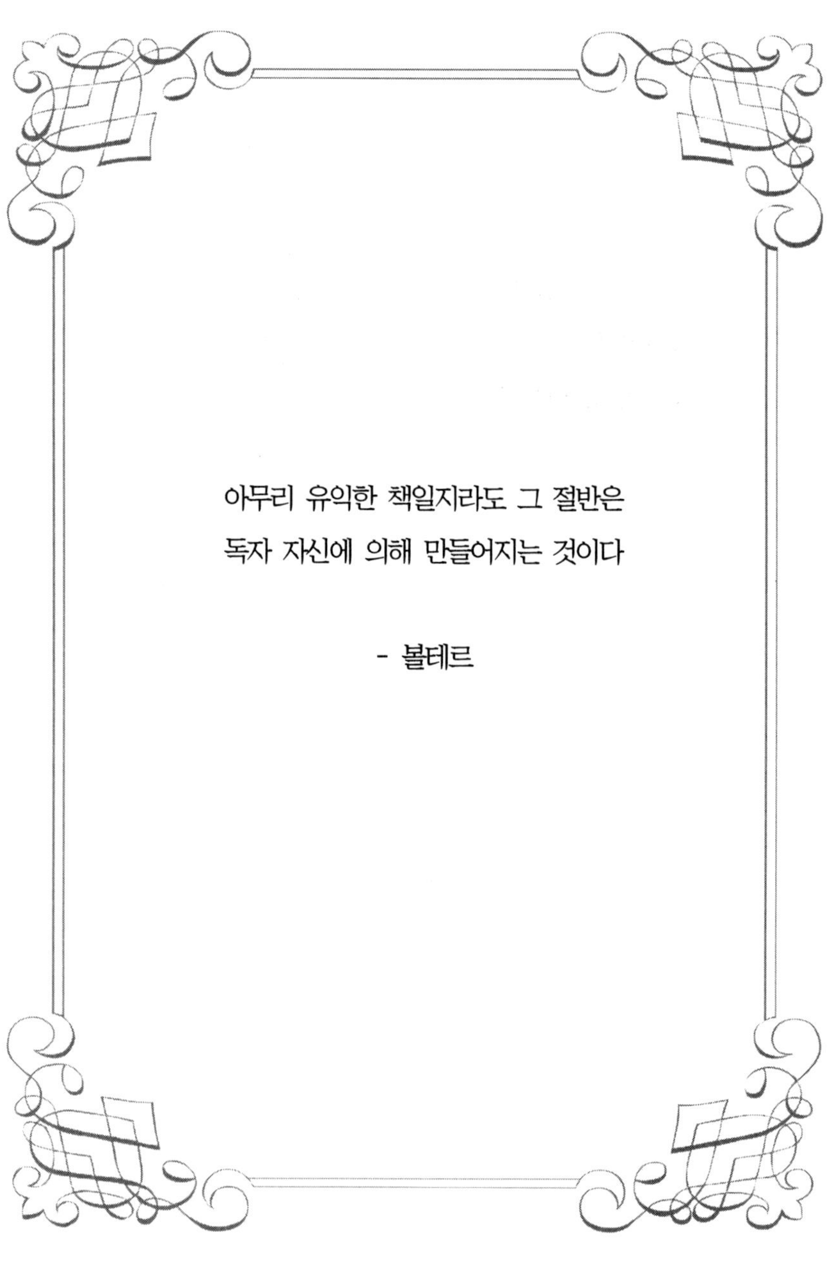

아무리 유익한 책일지라도 그 절반은
독자 자신에 의해 만들어지는 것이다

- 볼테르

일송정

비암산의 일송정 소나무 한 그루
한겨울 눈보라 세차게 불어와도
해란강 맑은 물에 그 아픔 띄우나
들풀들 하늘하늘 망향노래 부르니
임 마음 푸르러 내 마음이 물들어
선구자의 기세는 구름 위로 치솟네

정자 위로 올라가 육도벌 내려보니
고향땅 논밭인 양 들녘의 싱그러움
만무 과수원엔 배 사과 울긋불긋
초가집 마을에선 구수한 된장 냄새
푸르른 저 하늘에 내 마음 높이 띄워
선구자의 기세는 구름 위로 치솟네

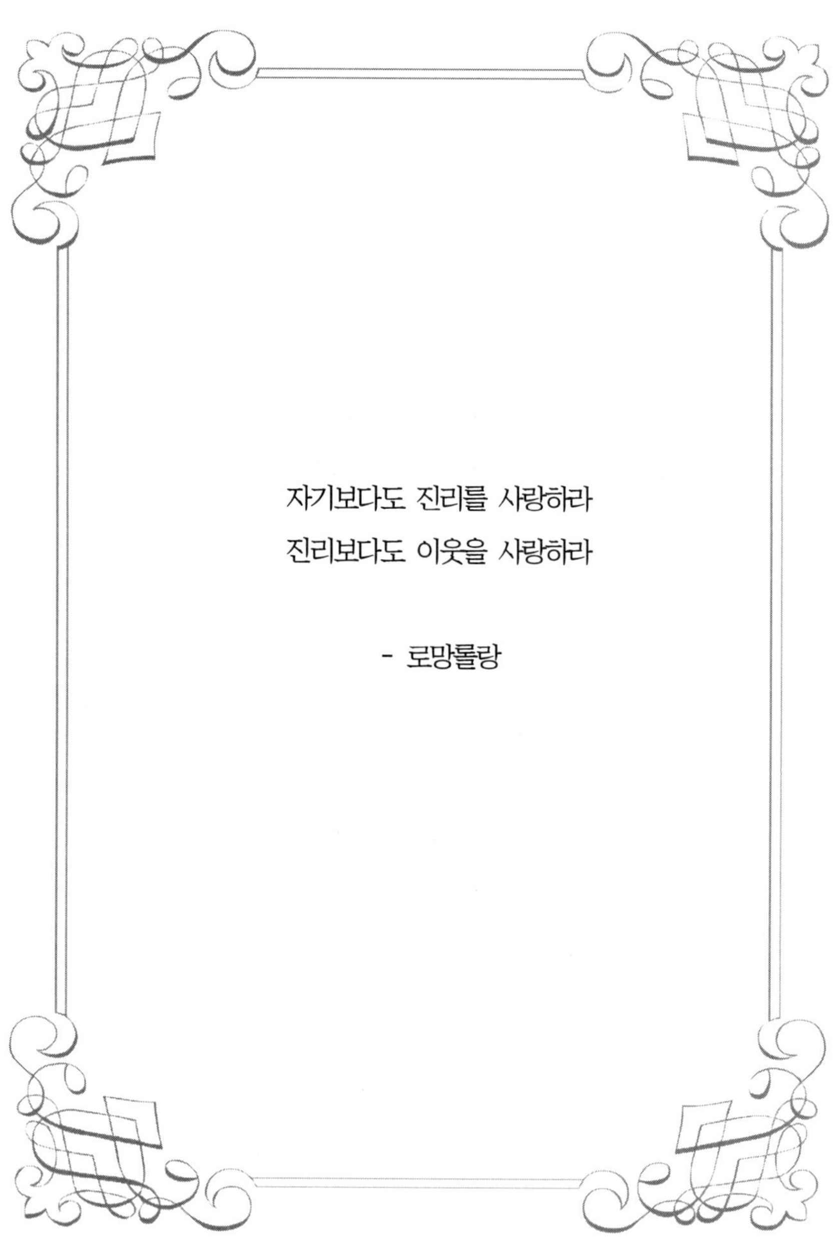

자기보다도 진리를 사랑하라
진리보다도 이웃을 사랑하라

- 로망롤랑

장하다 백두산아

청룡이 고개 들어 구름 위를 살피고
반만년 배달혼 하늘못에 간직해
겨울바람 불곰도 넘보지 못하네
휘감아 흐르면서 감싸주는 운무여
드높은 저 기상 한 번 더 보고파라
장하다 장군메야 겨레의 영산아

안개비 지나가니 쌍무지개 나래 펴
지반봉 산기슭에 꽃사슴 울음소리
청노루 어디선가 화초향 몰고 와
사스레나무 아래 춤추며 뛰노네
드높은 저 기상 한 번 더 보고파라
장하다 장군메야 겨레의 영산아

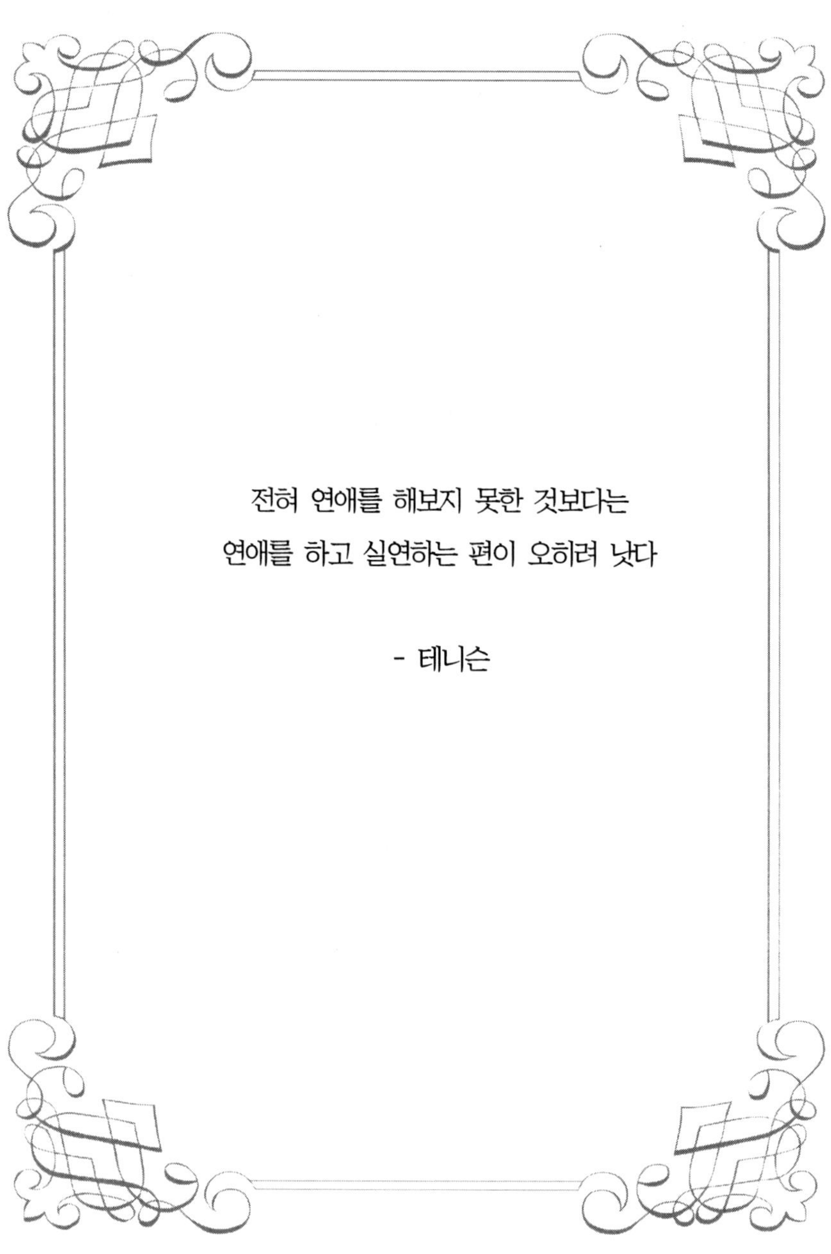

전혀 연애를 해보지 못한 것보다는
연애를 하고 실연하는 편이 오히려 낫다

- 테니슨

큰사랑 하늘못에

큰사랑 하늘못[15]에 사시장철 담아 두고
저 아래 이도백하 단숨에 내달아
간도벌 너른 들녘 목마름 적셔주니
일송정 소나무도 푸른 꿈에 젖는다
어머님 마음같이 저렇게 깊고 넓어
장군봉 언 가슴도 눈물로 녹여 주네
은하수 걸치는 일곱 빛 쌍무지개
천사들이 날아와 천하절경 구경하리

두만강아, 두만강아
무산에 무궁화 피우더냐
밤낮으로 흐르니 인심 두루 알겠지
두만강아, 두만강아
드높은 하늘 뜻 나도 따라 흐르니
돛단 배 두리둥실 봄 실어 띄워라

---

15) 하늘못 : 백두산 天池를 뜻함.

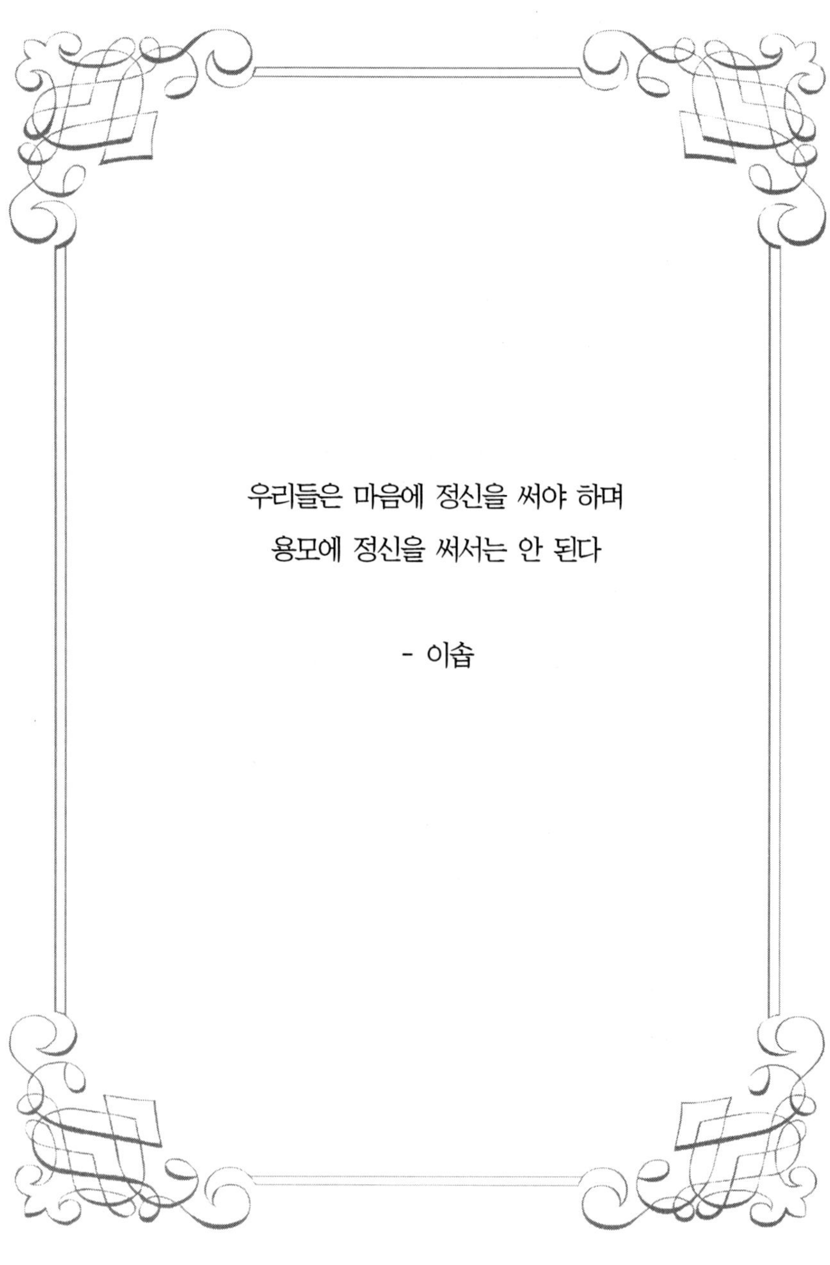

우리들은 마음에 정신을 써야 하며
용모에 정신을 써서는 안 된다

- 이솝

후나야마(船上) 고분

- 百濟詩 · 5

담금질 여든 번 휘둘음 예순 번
삼재(三才) 오묘한 진리 담은 칼
개로왕이 후왕에게 보낸 선물
후나야마 하늘눈 저리 훤한데
왜인들 아니다 아니다 우기나
하늬바람 타고 온 황홀한 백제풍
무덤에서 모른다 눈감지 말고
제대로 꾸짖어 주오 후왕이여

사람 눈 가리고 무덤 문도 닫고
글자를 지워도 백제혼은 또렷해
저 것이 어찌 너희들 칼이냐
담금질 소리 아련히 들리리라
구다라 최고야 구다라 최고지
하늬바람 타고 온 황홀한 백제풍
저승에서 그냥 입 다물지 말고
바르게 깨우쳐 주오 개로왕이여

부록 1. 작품수록 음반(CD)

번호	제목	이종록 가곡집	성악가	비고
1	가을이 저무는 소리	제3집	Bar 김승곤	
2	바위	제8집	테너 최동규	
3	너도 길 잃은 양	제10집	Bar 김승곤	
4	갠지스 강	제11집	Sop 김순미	
5	고구려인	제12집	Sop 신현선	
6	봄의 속삭임 들으려면	제23집	Sop 강혜정	
7	구다라노(百濟野)	제25집	Sop 최윤정	
8	사계의 노래-여름	제28집	Sop 황혜재	
9	시흥 염전터에서	제28집	Sop 이미성	
10	육이오 참전 유공자비	제28집	Bar 박승혁	

번호	제목	이종록 가곡집	성악가	비고
11	서산에 노을 지는데	제29집	Bar 김승곤	
12	가을이 저무는 소리	전북작곡가회 작곡발표회	전주시립교 향악단	제13회 정기연 주회
13	가을이 저무는 소리	작곡가 이종록 가곡의 밤	서울성악아 카데미	제10회 정기연 주회

부록 2. 작품 등재 서책

번호	제목	책 명	연월일	비고
1	가을이 저무는 소리	제15집	1999. 6. 30.	
2	가을이 저무는 소리	한국예술가곡집 상권	2001. 04	
3	우리 주님 이 죄인을		2006. 5.12	인문가 출판
4	문수산 전망대에서	제14집 『시는 노래가 되어』	2006. 5. 25	한국가 곡작사 가협회
5	주님 고통 이기신 주		2007. 5. 07	아사히 출판
6	육이오참전 유공자비	제23집 『시는 노래가 되어』	2015. 4. 23	한국가 곡작사 가협회
7	구다라노(百濟野)	이종록작곡집 『잃어버린 조가비』	2015. 7.10	도서출 판 문학공 원

번호	제목	책 명	연월일	비고
8	봄의 속삭임 들으려면	이종록작곡집 『잃어버린 조가비』	2015. 7.10	도서출판 문학공원
9	사계의 노래-여름	"	"	"
10	시흥 염전터에서	"	"	"
11	육이오참전 유공자비	"	"	"

국립중앙도서관 출판예정도서목록(CIP)

이 도서의 국립중앙도서관 출판예정도서목록(CIP)은 서지정보유통지원시스템 홈페이지(http://seoji.nl.go.kr)와 국가자료종합목록 구축시스템(http://kolis-net.nl.go.kr)에서 이용하실 수 있습니다.

(CIP제어번호 : CIP2019051788)

박영만 가사 시집

아무르 강은 흐른다

초판인쇄일 2019년 12월 19일
초판발행일 2019년 12월 24일

지은이 : 박영만
발행인 : 김순진
편집장 : 전하라
디자인 : 김초롱
펴낸곳 : 문학공원
등　록 : 2004년 3월 9일 제6-706호
주　소 : 우편번호 03382 서울 은평구 통일로 633
녹번오피스텔 501호 스토리문학사
전 화 : 02-2234-1666
팩 스 : 02-2236-1666
홈페이지 : http://cafe.daum.net/yob51
이메일 : 4615562@hanmail.net

※ 책값은 뒤표지에 있습니다.